Simon Buxton

Der Weg des Bienenschamanen

Simon Buxton

Der Weg des Bienenschamanen

Aus dem Englischen übersetzt
von Beate Metz

Edition Spuren

Die Originalausgabe erschien 2004 unter dem Titel
«The Shamanic Way of the Bee»

© 2004 by Simon Buxton
Diese Ausgabe wird veröffentlicht mit freundlicher
Genehmigung von Inner Traditions International, LTD
Rochester, VT, USA
Dieses Werk wurde vermittelt durch die Literarische Agentur
Thomas Schlück GmbH, D-30827 Garbsen

© der deutschsprachigen Ausgabe 2008 by
Edition Spuren
Bahnhofplatz 14, CH-8400 Winterthur
edition@spuren.ch   www.spuren.ch
3. unveränderte Auflage 2024
Übersetzung: Beate Metz
Lektorat: Martin Frischknecht
Umschlaggestaltung: Marco Perini
Printed in Germany
ISBN 978-3-905752-11-3

Inhalt

Zum Geleit

Bienenschamanismus? Warum nicht? Es gibt Bären-, Adler-, Wolf- und andere Tierschamanen, die ihre Kraft – ihre *medicine power,* wie die Indianer es nennen würden – von den Tiergeistern erhalten. Bienenhonig wurde nie einfach geerntet; bei den Naturvölkern, den Jägern und Sammlern, brauchte es immer jemanden, der mit dem Bienengeist kommunizieren konnte, einen Bienenschamanen oder eine Bienenschamanin. Aus dieser Tradition entwickelte sich die Imkerei.

Den Kelten, Germanen und anderen indigenen Völkern unseres Erdteils galten Bienen als heilig. Sie wurden mit Ehrfurcht behandelt. Ihr Verhalten wurde als Orakel gedeutet und was sie hergaben, der kostbare Honig, Honigwein (Met) und Wachs, galt als angemessenes Opfer für die hohen Götter. Bienen gehören den durchsonnten, lauen Tagen der Maienzeit, den Blumen, den blühenden Weiden und duftenden Linden und als solche waren sie Aspekt der Großen Göttin, der Freya, deren Wesen Freude, Wonne und die Süßigkeit des Lebens ist.

Im Laufe der Zeit verwandelte sich der Bienenschamane, der Auserwählte der Bienengöttin, zum «Bienenvater». Und einem echten Bienenvater haftet noch immer etwas Geheimnisvolles, etwas Magisches an. So ist es auch mit dem weisen Alten, Bridge, dessen walisischer Name Bid Ben Bid Bont ist, der den Autor Simon Buxton in den Bienenkultus einweiht und damit zugleich mit seinen keltischen Wurzeln wiederverbindet.

Der Bienengöttin Geweihte gibt es überall. In Genf konnte ich für einige Monate einen solchen Bienenvater begleiten und staunte, dass er mit den Bienen redete – mit den einzelnen, wie auch mit dem Bienenstock. Wichtige

Familienangelegenheiten, wie Tod, Hochzeit und Geburt, als auch die Jahresfeste wurden den Bienen mitgeteilt. Für ihn war der Bienenstock ein bewusstes, beseeltes Luft/Feuer-Wesen, dessen Glieder die einzelnen Immen sind und das, wie der Mensch, eine konstante Temperatur von 37° beibehält.

Wer in das Mysterium der Bienen und des Bienenschamanismus eintauchen will, ist gut beraten, das Buch von Simon Buxton zu lesen.

Dr. Wolf-Dieter Storl, Ethnobotaniker

1

Als ich schlief letzte Nacht

Als ich schlief die letzte Nacht,
da träumte ich – Wunschbild wundervoll! –,
in mein Herz sei eingebracht
ein Bienenstock: summend schwoll
der Bienen goldener Schwarm,
und der verwandelte insgeheim
all meinen bitteren Harm
in weiches Wachs und in Honigseim.
ANTONIO MACHADO

Ich höre nur das entfernte Summen, wie weißes Rauschen, vom Blut in meinen Ohren, ein Zeichen, dass ich noch am Leben bin. Manchmal ahne ich ein Lied, aber von der Außenwelt kommen keine Bilder. Ich bin allein, klein und voller Angst, verloren in einem Schneesturm aus weißem Licht gegen den schwarzen Himmel meiner Augenlider.

Ich weiß nicht, wie lange ich schon hier bin. Ich bin neun Jahre alt, und die Welt ist schon seit Tagen so. Erst Jahre später werde ich erfahren, wie dieser Zustand heißt: Enzephalitis, ein Virus, welches das Gehirn angreift. Doch jetzt sind Namen und Bezeichnungen ohne Bedeutung. Ich kenne nur Dunkelheit und Stille.

Und dann taucht ein Gesicht auf, eines, das ich wiederzuerkennen meine. Ein alter Mann lächelt mich an, während ich in einer Traumlandschaft treibe und die lautlosen, bangen Tränen eines kleinen Jungen weine, der kurz davor steht, unendlich tief in den Tod zu fallen. «Es gibt nichts zu fürchten, Kleiner», sagt er. Er spricht deutsch. Er nimmt meine Hand. Zusammen springen wir in den Abgrund.

Aber wir landen nicht. Ich öffne meine Augen und blicke in seine. Es sind keine menschlichen Augen mehr. Ich schaue in Augen, die aus zahllosen glänzenden sechseckigen Linsen bestehen, von denen eine jede tief in meine Seele blickt. Es sind die Augen einer Biene, und wir fliegen.

Mühelos erreichen wir die andere Seite des Abgrunds und schweben sanft zur Erde. Wieder schaue ich in jene Augen und nun sind sie menschlich. Ich kenne sie. Es sind die Augen eines Freundes.

Er lächelt mich an. «Kleiner Bub, alles ist in Ordnung. Hab keine Angst», flüstert er.

Zwei Tage nach diesem Traum geht es mir so gut, dass ich etwas essen kann. Eine Woche später stehe ich auf und bin wieder ein quicklebendiger kleiner Junge.

Ich beschließe, meinen Freund, den Herrn Professor, zu besuchen, nachdem ich so lange von ihm weg war. Ich spaziere durch den Wald, der unsere beiden einsam liegenden Häuser voneinander trennt, vorbei an den Bienenstöcken, die in seinem Garten stehen, hinauf zu der dunklen Holztür. Noch ehe ich dazu komme, anzuklopfen, öffnet sich die Tür, und Herr Professor lächelt zu mir herunter.

«Ah, Kleiner», sagt er. «Wie schön, dich zu sehen. Siehst du, ich habe dir doch gesagt, dass es nichts zu fürchten gab.»

Ich hatte den Herrn Professor zwei Jahre zuvor kennengelernt, als meine Familie vom Norden Englands nach Österreich, in den Wienerwald, gezogen war. Sein Haus war das einzige Nachbarhaus im Umkreis von einer Meile – wenn man es überhaupt ein Haus nennen konnte. Es war eher eine Mischung aus Tirolerhaus und Dschungelhütte und stand auf seinem Waldgrund, von kriechendem Unterholz bedeckt, das er so wenig wie nötig beschnitt, damit es möglichst wild blieb. Herr Professor war lieber ein Teil seiner Umgebung, statt diese zu beherrschen.

Meine Eltern freundeten sich mit dem Herrn Professor an, als wir in unser neues Heim einzogen. Sie lernten ihn als gebildeten Menschen schätzen und baten ihn, mir Deutsch beizubringen. Dem stimmte er gern zu, doch schließlich verwandten wir nur wenig der gemeinsamen Zeit auf das Erlernen der Sprache. Stattdessen erlebten wir Abenteuer, während wir den wilden Wald dieser für mich fremden, neuen Umgebung erkundeten. Oder er erlaubte mir, seine zahlreichen Trommeln zu spielen – riesige, flache Trommeln aus Tuwa und Lappland und von anderen seltsam klingenden, weit entfernten Orten. Manchmal fesselte er mich mit Geschichten über seine Abenteuer in den Dschungeln von Mexiko und Peru, und er veranschaulichte seine Erzählungen von Jaguaren und Schlangen und Einbäumen, von ekstatischen Ritualen und Vollmond-Riten mit Kuriositäten und Kraftgegenständen, die er mit nach Hause gebracht hatte: Speere und Schilde, Steine und Ranken, und am meisten faszinierte mich ein Schrumpfkopf von einem geheimnisvollen Stamm, der am Amazonas leben sollte.

Wir wurden sofort Freunde. In der Einsamkeit der Wälder war ich glücklich, jemanden zu haben, mit dem ich reden und spazieren gehen konnte. Dieser weise Mann ließ mich an seinem Wissen über die Wälder und die Welt teilhaben, und er enthüllte mir den Reichtum der Gaben, die beide zu bieten haben. Herr Professor hatte schon so lange allein gelebt, dass ihm meine jugendliche Ausgelassenheit eine Freude war und meine Gesellschaft eine Quelle sanfter Belustigung.

Natürlich wusste ich damals nicht, dass mein Freund Professor war – auch wenn ich ihn immer mit diesem Titel ansprach. Später erfuhr ich seine wahre Identität. Er war Universitätsprofessor gewesen, ein äußerst angesehener Mann, der mehr als ein halbes Jahrhundert lang Tausende von Studenten unterrichtet hatte, und er hatte die Welt bereist – auf der Suche nach seiner persönlichen Wahrheit. Er war auf allen fünf bewohnten Kontinenten unterwegs gewesen und hatte die entlegensten Ecken der Welt erkundet. Er hatte mit indigenen Völkern gelebt und deren einfache Lebensweise angenommen, bis die wissenschaftliche Vorgehensweise sich zu persönlichem Glauben und immensem Respekt wandelte. Denn er hatte Schamanen und weise Männer und Frauen dieser Stämme ihre täglichen Wunder vollbringen sehen, was die Gesetze seiner westlichen Wissenschaft in Frage stellte.

Er hatte diese Gaben der Einsicht an seine Universität zurückgebracht, und seine Studenten hatten davon profitiert. Aber er hatte auch etwas anderes mitgebracht: die Kräfte des Schamanen. In seinem Respekt und seiner Bewunderung für diese «wilden» Männer der Kraft hatte er mit ihnen gearbeitet und war schließlich in die Mysterien im Herzen ihrer Traditionen eingeweiht worden. Insbesondere hatte er die Geheimnisse eines schamanischen Pfades kennengelernt, der so uralt und geheim war, dass das Wissen darum beinahe ganz verloren gegangen ist: eine Tradition, die mit den Kräften der Bienen arbeitet, um deren Geheimnis in der Welt zu manifestieren.

Obwohl er sich aus dem Universitätsleben zurückgezogen hatte und schon über achtzig Jahre war, blieb er so vital und jugendlich, als wäre er nur halb so alt. Anstatt in akademischen Kreisen eine ehrenvolle Anerkennung als Wissenschaftler zu suchen, hatte er sich dafür entschieden, dem Statusdenken zu entsagen und wieder eins mit der Natur zu werden, sein Leben so zu vereinfachen, dass die natürlichen Kräfte ihn durchströmten und er sich mit der Welt der wahren Kraft verbinden konnte.

Diese Welt umgab uns überall. Bären und wilde Eber durchstreiften die Wälder.[1] Dabei handelt es sich um Geschöpfe, denen die meisten nicht unbedingt gern aus der Nähe begegnen: die Zähne und Krallen dieser wilden Tiere können einen Menschen töten, falls ihr Besitzer aufgeschreckt oder provoziert wird. Mein Vater hatte mich vor diesen Tieren gewarnt – aber sie liebten den Herrn Professor.

Eines Tages, als wir draußen umherwanderten, beobachtete ich fasziniert, wie ein dunkler Schatten sich in einen herumstöbernden Bär verwandelte. Er schaute auf und schien den Herrn Professor zu erkennen, und dann trottete er zu meiner Verblüffung schüchtern zu ihm hin, um sich auf den Rücken klopfen und den Nacken kraulen zu lassen. Als meine Vorsicht zurückkehrte, schaute mich der Herr Professor an und lächelte. «Hab keine Angst», sagte er.

Dann kam in meinem neunten Jahr der Tag, an dem ich krank wurde. Zunehmend besorgt riefen meine Eltern die besten Ärzte in der Umgebung an. Keiner vermochte meinen Zustand genau zu diagnostizieren, aber alle stimmten überein, dass ich schwer krank war. Sie teilten uns schließlich mit, dass sie überhaupt nichts tun konnten, was meinen Eltern fast das Herz brach. In ihrer Trauer und ihrem Schock begannen meine Eltern sich mit dem Gedanken an den bevorstehenden Tod ihres jüngsten Sohnes abzufinden.

So stand es, als der Herr Professor erschien, um bei seinem Freund vorbeizuschauen – um sich von ihm zu verabschieden und ihm die letzte Ehre zu erweisen, wie meine Eltern damals dachten. Während ich zwischen Bewusstlosigkeit und Bewusstsein pendelte, hatte ich das Gefühl, als würde mir eine Rettungsleine zugeworfen. Er verabschiedete sich nicht mit Worten; es war ein sanftes Lied, das mich nach Hause rief.

Wann immer ich kurz zu Bewusstsein kam, war der Herr Professor da. Er lächelte mich an und flüsterte mir etwas zu, das ich zwar nicht als Worte erkennen konnte, das jedoch meine Seele mit Wärme erfüllte und mir ein Gefühl von Sicherheit gab. Oft strich er mit einem Stück Holz sanft meinen Nacken entlang, während er in einem bestimmten Tonfall Worte sprach, die bedeutungslos zu sein schienen, sich jedoch ungemein kraftvoll anfühlten und auf der Ebene meines Körpers jenseits des rationalen Verstandes offenbar vollkommen sinnvoll waren. Ich fühlte, wie ich stärker wurde.

Und diese Augen ... Natürlich mag es auch mein Delirium gewesen sein, aber wann immer ich zum Herrn Professor aufblickte, schien ich in vielfache Augen zu schauen, herrliche Augen, Augen mit Tausenden von Linsen, die direkt in mich hineinsahen. Dann schlief ich ein.

Meine Eltern schrieben meine Heilung natürlichen Einflüssen zu, aber ich hatte so ein Gefühl, dass mich etwas anderes neu belebt hatte.

Der Herr Professor und ich verbrachten fortan mehr Zeit miteinander. Unsere Beziehung schien nun von mehr Tiefe und einer neuen Wärme erfüllt zu sein. In jeder schamanischen Kultur, die er besucht hatte, glaubten die Ältesten, dass jemand von den Geistern gerufen wird, um Schamane zu werden. Dieser Ruf ergeht in Form einer geheimnisvollen Krankheit, die den Kandidaten plötzlich befällt und ihn an den Abgrund des Todes führt. Er ist nur durch das Eingreifen eines anderen Schamanen zu retten. Der Herr Professor hatte die Symptome dieses Rufes an mir erkannt.

In einer Sprache, die mir als Kind verständlich war, begann er mich langsam und sanft in den Wegen der Kraft zu unterrichten. Zwischen unseren Waldspaziergängen und unseren Gesprächen entwickelte ich einen tiefen Respekt für das Wissen und die Fähigkeiten der Schamanen und für die Natur, die er mir als «sichtbares Antlitz des Geistes» enthüllte. Alpha und Omega seiner Lehren lagen im Bienenstock und dessen Bewohnerin, der Honigbiene, und ich begann die Grundlagen der Bienenhaltung zu erlernen. Ich beobachtete und ahmte nach, wie Herr Professor sich seinen Bienenstöcken gegenüber verhielt und was für eine Einstellung er dabei an den Tag legte. Nur selten wurde ich gestochen, wenn meine ruckartigen Bewegungen die Aufmerksamkeit der Bienen auf sich zogen. Während der Herr Professor ein bisschen Salbe auf die Stiche auftrug,

pflegte er mir zu sagen: «Bienen wie auch andere Tiere reagieren auf das Verhalten jener, die um sie sind. Bewege
dich langsamer.» Als ich mit den Bienen vertrauter wurde,
ließ ich absichtlich Honig auf meinen Arm tropfen, um
sie auf mich aufmerksam zu machen, so wie es mir gezeigt worden war. Innerhalb kürzester Zeit pflegten einige
auf mir zu landen und ihre Probosci auszustrecken, ihre
langen, gerillten Zungen, mit denen sie Nektar aufsaugen.
Wenn der Honig weg war, erkundeten die Bienen den Rest
meines Arms und bahnten sich dabei vorsichtig ihren Weg
durch die Haare, die nun langsam zu wachsen anfingen,
während ich mich still verhielt und fasziniert die winzigen
Füße auf meiner Haut wahrnahm.

Ich wäre für immer dort geblieben, in der Kathedrale
des Waldes, hätte ewig dessen heilige Lehren und die Weisheit seines Hohepriesters, meines Freundes, des Herrn
Professors, aufgenommen. Aber es sollte nicht sein. Zwei
Jahre nach meiner wundersamen Heilung verließ meine
Familie den Wienerwald und zog in einen anderen Teil Europas. Ich weinte, als ich zum Haus des Herrn Professors
ging und mich verabschiedete. «Kleiner, du kannst ein Teil
der ganzen Welt sein. Umarme sie», tröstete er mich. «Das
Leben ist nichts, wovor man Angst haben muss.» Aber in
seinen Augen konnte ich lesen, dass auch er sehr traurig
war.

Am Tag des Abschieds gab er mir drei Geschenke.
Eines war ein Stück Holz mit einer einfachen, aber sehr
ausdrucksvollen Schnitzerei. Später erfuhr ich, dass es
ein *Phurba*[2] war, ein heilender Dolch, der im tibetischen
Schamanismus verwendet wird, um negative spirituelle
Einflüsse, die den Körper bewohnen und Krankheit verur-
sachen, herauszuziehen und in sich aufzunehmen. Wenn,
wie einmal gesagt wurde, kunstvolle Architektur gefrore-
ne Dichtkunst ist, dann könnten schamanische Kraftgegen-
stände als ein Akt des Willens beschrieben werden,
destilliert in Form und Zeit. Es war dieses einfache Stück
Holz gewesen, das mich zurück ins Leben brachte, als

15

alle Medikamente und Behandlungsweisen der modernen Wissenschaft mich nicht hatten retten können – dies und Herrn Professors Glauben an die Kraft des Universums, das zu meinen Gunsten eingriff, weil er es so wollte.

Ich sah den Herrn Professor nie wieder, aber es vergeht kein Tag, an dem ich nicht an ihn denke, und manchmal weine ich. Er war mein Freund. Natürlich verdanke ich ihm mein Leben, aber ich verdanke ihm mehr als mein Leben. Durch die Freundschaft zu ihm habe ich zum ersten Mal die Schamanenkräfte erlebt. Das hat mich dazu angetrieben, diese Tradition weiter zu erforschen, so dass ich in gewissem Sinne näher bei Herrn Professor sein kann und den Wahrheiten folge, die er mir zeigte. Wenn diese Wahrheiten eine solch bemerkenswerte, dem Tod trotzende und das Leben stärkende Wirkung auf mich hatten, wem könnten sie dann noch helfen? Vielleicht können sie ein weiteres Kind retten, das verloren und allein durch eine Welt der Dunkelheit treibt.

Die Wahrheit ist jedoch keine einfache Sache. Sie ist vielschichtig, sonderbar und – fließend – offen für Fragen, etwas Lebendiges. Und doch ist sie der Ort, von dem aus wir beginnen müssen, und am Ende ist sie alles, was bleibt.

Durch meine Studien ist mir klar geworden, dass jene Wahrheit, und ganz besonders die spirituelle Wahrheit, nur als das definiert werden kann, von dem jemand ganz ohne Worte weiß, dass es wahr ist. Die Wahrheit ist stumm und bedarf keiner Rechtfertigung. Meine Herausforderung beim Schreiben dieses Buches bestand daher darin, jene Worte zu finden, mit denen sich diese unaussprechliche Weisheit wie auch die Wahrheiten ausdrücken lassen, die in der schamanischen Tradition enthalten sind, in die ich eingeweiht wurde.

Obwohl sie in der äußeren Welt keinen Namen hat, ist die Tradition denen, die ihr angehören, als Pfad des Pollens bekannt, da Honigbiene und Bienenstock im Mittelpunkt stehen – nicht nur als Metapher, sondern auch als Quelle für ein erstaunlich umfassendes schamanisches Wissen. Dieses Buch gibt die Lehren in der Art und Weise weiter, wie sie mir übermittelt wurden, und häufig auch in dem Zusammenhang, in dem man sie an mich weitergab. Was ich hier vorstelle, ist eine Chronik besonderer Erfahrungen und Beobachtungen, so gut wie möglich von mir beschrieben – ein bewusster Akt der beschreibenden Völkerkunde.

Den Bienenschamanismus findet man, obwohl verborgen und versteckt, in vielen unterschiedlichen Teilen der Welt – in Nord- und Südamerika, Australien, Afrika und anderswo. Der Pfad des Pollens gehört zum reichen Gesamtbild des europäischen Schamanismus, aber aus historischen Gründen, zu denen Missionierung und Verfolgung zählen, ist kaum etwas darüber aufgeschrieben worden. Es dürfte den einen oder anderen überraschen, dass eine uralte, doch hochentwickelte und in ihrer Gesamtheit erhalten gebliebene schamanische Tradition bis ins 21. Jahrhundert überlebt hat, ohne dass Kirche oder Staat, oder wenn wir schon dabei sind, die Anthropologie, davon Notiz genommen hätte. Aber meine Vorgänger, Kollegen oder Gefährten brauchten für ihr Werk weder Stift und Papier, noch waren sie überhaupt je dazu geneigt, die Feder in die Hand zu nehmen, um eine Beschreibung ihrer Arbeit und ihrer Welt abzugeben.

Im Gegensatz dazu gibt es eine Fülle an Literatur über andere schamanische Traditionen, über die zahlreiche Werke leicht erhältlich sind.[3] Das Thema ist derart umfangreich, dass es unklug von mir wäre, auf wenigen Seiten eine kurze Zusammenfassung geben zu wollen. In diesem Buch geht es um eine spezielle Ausprägung des Schamanismus, wie ihn die uralten Völker auf den Britischen Inseln und in Europa hervorbrachten. Es handelt sich um eine wenig bekannte Form des keltischen[4] Schamanismus, der seinen besonderen Ausdruck den Menschen jener Länder, ihrer Persönlichkeit, ihrer Kultur, den Landschaften und der Geographie ihrer Heimat verdankt.

Wo ein kraftvolles, geheimes Wissen von einem Menschen zum nächsten weitergereicht wird, ist die mündliche Tradition gewöhnlich der sicherste Weg, um dieses Wissen vor jenen zu schützen, die sich selbst und andere in Gefahr brächten, wenn sie es ohne jenen Schutz anwenden würden, über den nur jemand verfügt, der in die Tradition voll initiiert wurde. Dieses Buch ist daher nicht noch ein Wälzer mehr von jener Sorte, in der erforscht und gefeiert wird, was jene Kelten (*Celts*), die wir aus den Geschichtsbüchern kennen, getan haben mögen oder auch nicht, indem man sich auf eine Zeit bezieht, als die Welt noch ganz anders aussah. Es nutzt modernen Suchenden wenig, sich auf die vorvorgestrigen Nebel von Avalon zu berufen, und sei es nur aus dem einfachen Grund, dass wir nicht mehr in jenen Zeiten leben. Wenn ich also den Begriff «keltisch» (*keltic*) verwende, nutze ich es als lyrische Abstraktion, die sich auf eine Haltung und eine Stimmung, auf einen Geist und eine poetische Sensibilität bezieht. Wir können nicht alle Kelten (*Celts*) sein – denn jeder von uns hat seine eigenen vielfältigen ererbten Wurzeln –, aber alle können wir, falls wir es wünschen, aus der tiefen Quelle, aus *Keltia*, schöpfen.

Der Lehrer, der mich einweihte – dem ich als Erwachsener begegnete und den wir später in diesem Buch kennenlernen werden –, glaubte fest an ein Prinzip, das er «spirituelle Osmose» nannte. Dieses Prinzip besagt, dass uns allein schon die Nähe zum Heiligen mit Antworten versieht. Es gibt keine festen Regeln, oder anders ausgedrückt: die Regeln und Wahrheiten, die Sie finden werden, sind Ihre persönlichen Antworten. Wahrheit muss immer auf den einzelnen Menschen zugeschnitten sein, und Sie beziehen sie aus Ihrer eigenen Erfahrung und aus Ihrer Interpretation dieser Erfahrung. Indem Sie dieses Buch lesen, werden Sie näher zu dem Geheimnis hingezogen, das der Pfad des Pollens ist, und daraus wird Ihnen Verständnis erwachsen. Ich freue mich, dass es mir möglich ist, dieses kraftvolle, verborgene Wissen zugänglich zu machen. Darüber zu lesen reicht schon, die spirituelle Osmose wird ihre angemessene Wirkung entfalten.

Vor allem ist dies ein Buch über das Wissen, über die Vorstellungswelt und die Erfahrungen, die zu einem Tor in einen Bereich meiner persönlichen spirituellen Wahrheit geworden sind. Ich hoffe, dass auch Sie sich dazu inspirieren lassen, die Schwelle zu überschreiten. Ich hoffe, dass Sie sich in das aufregende Abenteuer aufmachen, das die Heldenreise nun einmal ist, und dass Sie dabei eine Wahrheit entdecken, die Sie stärkt in diesen Zeiten spiritueller Ungewissheit, die immer auch mit günstigen Gelegenheiten einhergehen.

2

Das Tor des Übergangs

Er war ein Bienenzüchter namens Bridge und außerdem war er, wie ich später erfahren sollte, eine Art Legende. Er lebte gleichzeitig in der Vergangenheit, der Gegenwart und der Zukunft. Er war eine Brücke über die Zeiten, durch die Zeit hindurch und darüber hinaus. Von jenen, die ihn kannten, wurde er auf unterschiedlichste Weise beschrieben, aber im Gedächtnis geblieben sind mir durch all die Jahre die Worte, er sei «ein Dichter mit einer Axt». Seine Gedanken waren kristallklar und diamanthart, und doch gab es in ihm Raum für Wunder und Magie.

Als ich ihm zum ersten Mal begegnete, war er ungefähr so alt, wie es Herr Professor während meiner Zeit im Wienerwald gewesen war, und wie Herr Professor stand er aufrechter und bewegte sich flinker als Männer, die nur halb so alt waren wie er. Seine Augen funkelten in hellem Blau und seine glatte, faltenlose Haut sah aus wie poliertes Kupfer. Er hatte einen prächtigen eisengrauen Haarschopf und Augenbrauen wie Raupen vom Baum des Wissens. Seine Stimme war nie schwach oder brüchig, sein Herz war aus walisischer Eiche geschnitzt.

Seit meiner Zeit mit Herrn Professor und seit meiner Begegnung mit dem Tod in den Wäldern bei Wien war mehr als ein Jahrzehnt vergangen. Davon hatte ich die meiste Zeit mit Suchen verbracht – aber wonach? Nach Verbindung, nehme ich an, danach, wieder einmal Verbundenheit zu empfinden, Verbundenheit mit den elementaren Kräften der Natur und mit den Wahrheiten, die mir durch die Bäume zugeflüstert worden waren. Vor vielen Jahren waren mir die Augen geöffnet worden, durch Herrn Professors geheimnisvolle Fähigkeit, das Schicksal und den Ausgang von Ereignissen durch die Kraft und den Willen der Natur zu verändern. Und nach wie vor, so schien es mir jedenfalls, ging es um die gleiche Suche: eine Leidenschaft, die Dinge zu verstehen, ein Teil jener Welt zu sein, die völlig anders war als die, die ich rund um mich her jeden Tag in den arbeitenden Menschen mit dem gehetzten Blick in den Augen sah – Menschen, die freiwillig Züge bestiegen, unterwegs zu massenhaft wartenden Schreibtischen in gefängnisähnlichen Büros. Ich hatte an einer von Englands großartigen Bildungseinrichtungen Philosophie studiert und für meine Arbeit Lob erhalten, aber ich fühlte mich hohl, denn ich hatte den Studienbetrieb trocken und nutzlos empfunden, stumpf und letztlich bedeutungslos – es fehlte an einer Art von Vermittlung, nach der sich, wie mir schien, sogar die Lehrer selbst sehnten.

Ich war Teil dieser Welt und stand gleichzeitig außerhalb von ihr. Demnach kannte ich zumindest etwas von der Welt – jedenfalls genug, um zu wissen, dass ich niemals in ihr gefangen sein wollte. Ich musste nicht extra daran erinnert werden, dass sämtliche Formen von Sicherheit der Ungewissheit und Transformation unterworfen sind, ganz gleich, was «Autoritäten» uns glauben machen wollen. In meiner jugendlich übermütigen Art versuchte ich, eine leidenschaftliche Skepsis mit der Sehnsucht nach Sinn zusammenzubringen. Ich wollte einen menschlichen Schlüssel zur unmenschlichen Welt um mich herum finden, wollte das Einzelwesen mit der Gemeinschaft verbinden, das Bekannte mit dem Unbekannten, suchte die Vergangenheit mit der Gegenwart und meiner eigenen Zukunft zu verknüpfen. Aber dabei war ich völlig verloren, trieb wie ein Segelboot ohne Segel oder Ruder auf offener See.

Das erste Mal begegnete ich dem Bienenzüchter im Jahr 1986 in der unmittelbaren Umgebung eines Landhauses, über dessen Grundstück ich auf einem meiner ausgedehnten Spaziergänge durch die Quantock Hills im Süden Englands streunte, durch jene Landschaf-, welche die Dichter der Romantik Coleridge und Wordsworth so liebten. Es war ein Frühlingsnachmittag, und ich erkundete gerade die ausgedehnten, altehrwürdigen duftenden Gärten auf der Rückseite des Anwesens, das von Feldwegen, Äckern, Hügeln und Wäldern umgeben war.

Ich bemerkte ein Tor in der am weitesten entfernt liegenden Mauer. Es war eine außergewöhnlich schöne Mauer, die im Laufe der Zeit honigfarbene Schattierungen angenommen hatte. Ich schlenderte zum Tor, fasste mit der Hand nach der Klinke und ließ sie einen Moment lang auf ihr ruhen, während ich die lateinische Inschrift las, die kunstfertig ins Holz geschnitzt worden war: *Hic Habitat Felicitas* – Hier wohnt das Glück. Während ich noch überlegte, ob ich ungebeten durch diese Tür gehen sollte, wurde mir die Wahl buchstäblich aus der Hand genommen. Ich fühlte, wie sich die rostige Klinke von der anderen Seite aus zu bewegen begann. Ich sprang zurück, die Tür öffnete sich, und eine kräftige, gnomhafte Gestalt, die kaum größer als ein Shetlandpony war, trat einen Schritt auf mich zu. Mit ihrem langen weißen Haar, einem Teint, der darauf hindeutete, dass sie nur selten das Tageslicht erblickt hatte, und einem grünen Filzmantel hätte diese Gestalt direkt den Seiten eines Märchenbuches entstiegen sein können. Diese besondere Wirkung wurde noch durch ihre Augen verstärkt, die von einem durchdringenden Schwarz waren, wie dem Blick einer russischen Ikone entliehen. Ich bemerkte, wie ihr Blick ganz kurz den meinen traf und dann wegflackerte, und ich erkannte, dass dieses kleine Menschlein blind wie ein Maulwurf war. Ich war unsicher, wie ich reagieren sollte. Weil ich ihn für den Eigentümer des Grundstücks hielt, blieb ich schwach und unschlüssig, blieb ganz still und dachte, ich könnte unbemerkt davonschleichen. Aber er wusste, dass ich da war, fühlte, wie ich dort stand, oder vielleicht hörte er mich auch atmen.

«Haben Sie unser Eden besucht?», fragte er mich mit liebenswürdiger Vertraulichkeit. Peinlich berührt entschuldigte ich mich stotternd dafür, dass ich seinen Garten erkundet hatte.

Der kleine Mann lächelte über mein peinliches Verhalten und streckte seine Hand nach der meinen aus. «Ich heiße Gwyn, und dies ist das Tor des Übergangs», stellte er sachlich fest. «Hier wird das Sichtbare in den Dienst des Unsichtbaren gestellt, und es teilt unsere Welt. Auf dieser Seite wirken wir auf die eine Weise, auf der anderen Seite anders.» Mit diesen Worten bedeutete er mir, dass es Zeit für ihn war zu gehen. Er schritt auf das Haus zu und ließ mich mit offenem Mund zurück. Die Begegnung hatte mich zutiefst verwirrt, und ich nahm an, dass er mich irrtümlicherweise für jemand anderen gehalten hatte. Das gab mir den Mut, weiterzuforschen, wobei ich mich der Einladung des blinden Mannes entsann, über das Offensichtliche hinauszuschauen. Einige Zeit später sollte ich erfahren, dass dieser Mann – Gwyn Ei Fyd – nur wenige Augenblicke zuvor seine Lehrzeit beim Bienenzüchter abgeschlossen hatte – und hier stand ich, im Begriff, die eigene Lehre zu beginnen.[5]

Ich legte meine Hand erneut auf die Klinke, und auf meine Berührung hin öffnete sich das Tor. Ein Rauschen erfüllte die Luft, das unverhofft stärker und lauter wurde. Auf der Suche nach dem Ursprung des Geräuschs schweifte mein Blick durch das Tor. Dahinter sah ich einen Obstgarten, von der Sonne gesprenkelt und mit einem Teppich aus grünem Gras unterlegt, der sich unter uralten Apfelbäumen ausdehnte. Und dort standen Bienenstöcke, vielleicht ein Dutzend oder mehr, alle nach Osten hin ausgerichtet und jeder mit unterschiedlichen Farben und Markierungen versehen.

Im Obstgarten wimmelte es von Bienen. Sie teilten das März-Sonnenlicht mit ihren Flügeln, als trennten sie die Spreu vom Weizen. In der Mitte stand ein Mann, umgeben von Bienen wie von einem Heiligenschein. Er stand im

Garten wie ein Magier auf einer Bühne, wie ein Zauberer, der Taschentücher und Papier zum Fliegen bringt, oder wie ein Weber, der aus lebendigen Dingen einen wundersamen Stoff wirkt. Und da war auch noch mehr. Es war, als leuchtete der Mann von innen heraus, vor Liebe und tiefem Respekt, die zwischen ihm und den Bienen zu bestehen schienen, Empfindungen, die nun einen Vorhang zwischen uns zogen.

Er blickte direkt zu mir und lächelte mich durch den lebendigen Schleier hindurch an, als hätte er mich erwartet. Ich wurde von dem äußerst seltsamen, durchdringenden Gefühl überwältigt, dass dies eine schicksalhafte Begegnung war.

Er hielt mich wie ein Heilmagnetiseur in seinem Bann, und ich war unsicher, wie ich reagieren sollte. Sollte ich auf ihn zugehen, mich vorstellen? Aber die Bienen ... es war Jahre her, dass ich Kontakt zu einem Bienenstock gehabt hatte. Sollte ich stehen bleiben, wo ich war, Hallo sagen, oder wäre das irgendwie unhöflich? Würde ich damit Angst und Schwäche offenbaren?

Vorsichtig machte ich einen Schritt vorwärts und öffnete meinen Mund, um etwas zu sagen. Doch ehe auch nur ein Wort über meine Lippen gekommen war, sauste ein geflügeltes Geschöpf auf mich zu wie ein Geschoss von einem Katapult. Zu meinem äußersten Erstaunen hielt es nicht an. Anstatt um mich herumzufliegen oder mit mir zusammenzustoßen, flog die Biene direkt durch mich hindurch oder sollte ich sagen, in mich *hinein*, denn ich sah, wie die Biene meine Haut berührte und dann – verschwand! Ich war absolut sprachlos, während mein Verstand nach einer rationalen Erklärung für dieses Verschwinden suchte. War es das Tageslicht? Vielleicht hatte ich einfach nicht genau aufgepasst und sie war im letzten Moment um mich herumgeflogen. Vielleicht, so flüsterte mein wild gewordener Verstand, flog die Biene nun in meinem Körper herum, sie würde mich stechen, und ich würde sterben. Plötzlich fühlte ich einen stechenden Schmerz in der Innenfläche meiner linken Hand. Ich schrie auf. Eine Biene hatte mich gestochen, als ich meine Hände vor Anspannung zusammengeballt und wieder geöffnet hatte. Das war doch bestimmt die Biene gewesen, die verschwunden war?

Der Geruch, der von der Freisetzung des Bienengifts aufstieg, stachelte wiederum andere Bienen auf, die, indem sie die chemischen Signale ihrer sterbenden Gefährtin deuteten, zum Kampf bereit herbeiflogen. Ich schaute hoch und sah, wie der Imker den Vorfall beobachtete. Ich fing seinen Blick auf, und seine Augen sahen nun fremder aus – eine Mischung aus Sympathie und Interesse, von Güte und unendlicher Ruhe.

Nun gab es keinen Zweifel mehr daran, was das bedrohliche Brausen um mich bedeutete: Die Luft war erfüllt von wütenden Bienen. Waren die Tiere erst einmal wirklich erregt, so waren sie unbesiegbar. So viel wusste ich. Tatsächlich wurde ich wieder gestochen, diesmal in die Krone meines Kopfes. Obwohl ich den scharfen Stich des Stachels fühlte, als er in mein Fleisch eindrang, bewegte ich mich diesmal nicht. Die Lektionen aus meiner Kindheit hatten die Zeit überdauert.

Ich sah wieder in die Augen des Bienenzüchters, sie hatten sich verengt und jetzt *beobachteten* sie mich wirklich. Ich blieb still, obwohl mir wegen des stechenden Schmerzes auf meinem Kopf die Augen tränten. Der Imker nickte mir ganz leicht zu. Ja? War das ein Ja? Ja wozu? Und dann, plötzlich, waren die Bienen fort. Ich löste meinen Blick von seinen Augen, sah auf meine Handfläche hinab und fühlte die Stelle auf meinem Kopf, die im Rhythmus meines rasend klopfenden Herzens pulsierte. Ich schaute mich in der Umgebung um, die noch mit Bienen hätte erfüllt sein müssen, aber es war still. Die Bienen waren wieder zu ihrer Nahrungssuche zurückgekehrt, zum Honigmachen, zu den Bienenstöcken.

Der Bienenzüchter winkte mich zu sich herüber, neben einen der Bienenstöcke, der nun sanft summte wie ein schnurrendes Kätzchen. «Sie sind gestochen worden», sagte er mit einer Stimme, die wie ein Lied klang, in sanftem, walisisch melodischem Tonfall. Es war mehr eine Feststellung als eine Frage, eher interessiert als besorgt gesprochen.

«Ja», sagte ich, «hier auf meiner Hand und meinem Kopf.»

Er nahm meine Hand, und dann ereignete sich etwas Bemerkenswertes: Der Schmerz – tatsächlich war es eher wie eine Reizung – ließ augenblicklich nach.

«Sie wurden direkt in das Zentrum des *Traumrads* gestochen», sagte er mit einem Blick auf die winzige Wunde auf meinem Kopf. «Es ist einer Ihrer *inneren Sterne* und der Teil von uns, der zuerst auf die Welt kommt, der Ort, wo unsere ersten Eindrücke von der Welt wohnen, und auch der Ort, wo wir versuchen, unsere Wirklichkeit zu verstehen. Er sieht die Welt, bevor wir es tun. Er ist einer unserer magischen Kreise.» In seiner Stimme schwang eine gewisse bardische Verrücktheit, was gleichzeitig angenehm und entrückt klang. Obwohl ich seine Worte nicht ganz verstand, schienen sie mich fast hypnotisch in einen unheimlichen Bereich zu führen, der irgendwo zwischen dem Land der Herzenssehnsucht und jenem Ödland lag, das von der Geschichte geschaffen worden ist.

Um mich vorzustellen, erzählte ich dem Imker von meinen früheren Erfahrungen mit Bienen bei meinen Zusammenkünften mit dem Herrn Professor, und zum ersten Mal in meinem Leben erzählte ich die Geschichte meiner Heilung und von den Geschenken, die mein gelehrter Freund aus dem Wald mir gegeben hatte. Der Imker hatte viele Fragen bezüglich des Herrn Professors, und gelegentlich nickte er zustimmend, als ich über bestimmte Dinge sprach, zum Beispiel über meine Erinnerung an die Heilung und die wenigen Fakten, die ich über den Mann wusste. Ich schloss damit, dass ich erklärte, all dies liege über ein Jahrzehnt zurück und seit damals sei ich nicht mehr in die Nähe eines Bienenstocks gekommen.

«Dann müssen Sie zu den Bienenstöcken zurückkehren und mehr lernen», sagte er herzlich, «denn es scheint, dass die Bienen Sie mögen.» Er lachte, als ich unwillkürlich meinen Kopf berührte. «Wir könnten sagen, dass in dieser Hinsicht ein Ruf an Sie ergangen ist», fügte er hinzu.

Und so begann ich, gelegentlich zu dem Landhaus von Monks Bench zurückzukehren, zu dem von einer Mauer umschlossenen Garten, zum Obstgarten, zu den Bienenstöcken, und zu Bridge, dem Bienenzüchter, um von ihm mehr über sein Handwerk und das Wesen der Bienen zu lernen.

Von unserer ersten Begegnung an wusste ich, dass Bridge eine ungewöhnliche Intensität und innere Güte eigen waren, die seine enge Verbindung mit der Honigbiene bestimmten. Wenn er mit den Bienenstöcken arbeitete, lag etwas Priesterliches in seinem Verhalten, als würde er ein Ritual vollziehen, dem nur er selbst und seine Bienen beiwohnten, ein Ritual, das zur Verbindung mit dem Transzendenten führte. Dieses Ritual entstammte weder dem Fantastischen noch dem Fanatischen, eher wurzelte es in einem einfachen, von Gnade erfüllten Einssein mit der Natur.

Ich pflegte Bridge dabei zu beobachten, wie er zu einem Bienenstock ging, das Volk besänftigte, den Kasten öffnete, die Brutwaben herauszog und sie dann in einem Tragegestell herüberbrachte, das die Bienen zu Tausenden umschwärmten. Ein Duftzerstäuber wurde eingesetzt, und wenn die Waben einiger Bienenstöcke mit Lavendel besprüht wurden, der aus dem Obstgarten gesammelt worden war, strich ein beruhigender Duft über uns hinweg.

Bridge und ich pflegten im Obstgarten umherzuspazieren und die Flora und Fauna seiner Zufluchtsstätte zu inspizieren. Tief in den Mauern befanden sich alte, bogenförmige Nischen, in denen altmodische Bienenkörbe – Bienenstöcke – standen, erfüllt von summendem Leben.

Staudenrabatten, gesäumt von Gänsekresse und Blaukissen, Büschel mit Krokussen und Schneeglöckchen waren von den Bienenstöcken aus schnell zu erreichen, so auch Bergamotte, Vergissmeinnicht, Ysop, Salbei, Reseda, Astern, Lavendel, Malve, Rosmarin und roter Ginster, der aussah wie Schmetterlinge aus rohem Fleisch. Weißdorn, Bergahorn und Linden wuchsen hier wegen ihres hohen Nektarertrages und ein kleiner Brunnen, von einer unterirdischen Quelle gespeist, spendete süßes Wasser, das die Bienen sammelten, um damit Futter für die Kinder des Bienenstocks anzumischen.

Manchmal schob sich eine dunkle Wolke vor die Sonne und die Nahrung suchenden Bienen kühlten aus. In der Kälte sind die Flügel der Bienen gelähmt und sie fallen zu Boden, unfähig, wieder aufzusteigen oder überhaupt nur zu krabbeln. Wenn Bridge solche Unglücksfälle bemerkte, pflegte ich ihn zu beobachten – genau wie ich damals Herrn Professor beobachtet hatte – und sah, wie er sanft einen kalten kleinen Körper in seine Hände nahm und warme Luft über ihn blies. Jedes Mal, wenn ich Zeuge dieses Wunders wurde und sah, wie eine leblose Biene wieder zum Leben erwachte, staunte ich und freute ich mich, gerade so, wie ich es schon als Kind getan hatte. Mit einem Schaudern und Zucken kam die Biene wieder auf die Beine und klopfte sich den Staub ab, indem sie zunächst die Antennen mit den Vorderbeinen bürstete und dann das Hinterteil anhob und es kräftig mit weiten Schwüngen der bürstenbesetzten Hinterbeine abstaubte. Die Biene bewegte dann ruckweise ihren dreieckigen Kopf von einer Seite zur anderen, und nachdem sie sich vergewissert hatte, dass auch nicht das allerkleinste Staubkorn übrig war, flog sie pfeilschnell davon.

«Bienen sind beschlagen in Astronomie», verkündete mir Bridge eines Tages übertrieben theatralisch. «Sie können Regen vorhersagen. Und sie wurden aus Lichtstrahlen erschaffen. Wusstest du, dass sie ihre Brut fertig geformt aus Blumen saugen? Oder dass Honig in der Luft erzeugt wird, wenn die Sterne aufgehen und ein Regenbogen sich auf unsere Erde stützt? Und wusstest du, dass jede Frau, die Jungfrau ist, durch einen Bienenschwarm gehen kann, ohne dass sie gestochen wird, und dass am Weihnachtsabend genau um Mitternacht die Bienen Choräle summen, um Christi Geburt zu feiern? Wenn eine Biene in dein Haus fliegt, bedeutet es, dass ein Besucher naht. Gestohlene Bienen gedeihen nicht, sondern sterben. Im Mittelalter lehrte man, dass Bienen aus den toten Körpern von Kühen und Kälbern geboren werden. Dies, lieber Junge, ist nur ein Teil des Aberglaubens, der über unsere geflügelten Freundinnen kursiert. Tatsächlich vermag jede Biene Unmögliches zu vollbringen, um die Gesamtheit des Bienenstockes zu erhalten.»

Bridge fuhr fort, mir detailreich Fakten zu nennen, die beinahe noch bemerkenswerter waren als der Aberglauben: wie ein verletzter, hungernder oder geplünderter Bienenstock wirklich in großer Qual zu stöhnen und zu klagen vermag, dass die Biene sehr schnell altern, sich dann aber wieder verjüngen kann; sterile Bienen können in Krisenzeiten Eier legen und alte Bienen können Drüsen regenerieren, die zuvor verkümmert waren. Bridge behauptete auch, dass Imker kaum krank würden und nur selten, falls überhaupt, Krebs oder andere lebensbedrohliche Krankheiten bekämen. Ich hielt das für eine sehr gewagte Behauptung, aber später forschte ich darüber nach und fand Bridges Aussage größtenteils bestätigt.[6]

Es gab gewiss wenig Zweifel an Bridges eigenem Wohlbefinden. Er präsentierte eine Liste mit Menschen aus der Geschichte, die von ihrer Beziehung zur Honigbiene und zum Bienenstock profitiert hatten. «Pythagoras, der sich an eine Diät hielt, die zum großen Teil aus Honig bestand, wurde 90 Jahre alt. Einer seiner Schüler, Apollonius, ernährte sich von Milch und Honig und wurde 113 Jahre alt. Plinius der Ältere schreibt, dass es in der Region zwischen Apennin und dem Po 124 Hundertjährige gab – nicht schlecht für solch ein winziges Gebiet. Honig gehörte schon immer zum Speiseplan der hier lebenden Briten, tatsächlich wird der ursprüngliche Name für Britannien mit «Insel des Honigs» übersetzt. Wusstest du, dass Plutarch anmerkte, ‹Diese Briten fangen erst mit 120 Jahren an zu altern›! Nun, mein eigener Lehrer verließ die Welt nur wenige Schritte von da, wo du gerade stehst, aber er wurde nur hundert Jahre, also war er Plutarchs Buch zufolge noch ein Jugendlicher! Imker werden – genau wie gute Weine – mit zunehmendem Alter immer besser.»

Bei diesen ersten Treffen mit dem Bienenzüchter erinnerte ich mich an die Dreiheit des Bienenstocks, an die drei Typen von Bienen, die dem Herrn Professor zufolge die Familie der Honigbiene ausmachten: Die *Drohnen* sind die jungen Männer der Gemeinschaft, dandyhaft und gutaussehend verachten sie jede ehrliche Arbeit. Sie schlüpfen im frühen Sommer und sind die Freier der jungen Prinzessinnen, sie frönen dem Müßiggang und verlassen den Stock nur in der wärmsten Zeit des Tages. Die Drohne hat keinen Stachel, aber ihre Flügel sind kraftvoll und ihre Sinne scharf, sie ist mit einem empfindlichen Geruchssinn und erstaunlichem Sehvermögen ausgestattet.

Die Arbeitslast im Bienenstock tragen die *Arbeiterinnen*, die weiblichen Bienen, die das Wachs herstellen, das sie aus ihren Körpern absondern, sie bauen die Waben, füllen diese mit Honig; sie füttern und pflegen sowohl die Königin als auch ihre eigenen Larven, sammeln den Pollen, Nektar und Propolis (ein seltsames antibakterielles Harz, das die Bienen aus Pflanzen und Bäumen herstellen). Sie verteidigen den Stock gegen Feinde und erfüllen tausend andere Pflichten. Sie sind es, die das harmonische Gedeihen des Bienenvolkes bewirken.

Die *Königin* ist wirklich eine Königin im traditionellen Sinn. Sie ist länger als ihre Töchter, schlanker als ihre stämmigen Söhne, und sie paart sich mit ihrem eigenen Bruder. In ihrem langen Leben, das vielleicht sechs oder acht Mal so lange dauert wie das ihrer langlebigsten Kinder, sieht sie keine anderen Bienen außer ihren Söhnen und Töchtern.

In ihrer Rolle als Einzelgängerin trägt sie das Schicksal aller und ist wie eine Göttin, deren Leben im dämmrigen Licht der goldenen Stadt dem selbstlosen Dienst an der Gemeinschaft gewidmet ist.

Innerhalb dieser drei Bienentypen gibt es noch die jungen Bienen, die Bienenkinder in ihren neuen Samtanzügen. Von den Ammen aufgezogen, sitzen sie in der Sonne und winken mit ihren Beinen begeistert dem flinken, unbekümmerten Bienenverkehr zu, der über sie hinwegläuft. Und es gibt die Wächterbienen, kriegerische Arbeiterinnen, die unübersehbar, als seien sie mit Schwertern und Helmen ausgerüstet, auf ihren Wachposten nahe dem Eingang sitzen und jeden, der nahe kommt, zum Kampf herausfordern.

Ohne die Honigbiene, so führte Bridge aus, würde unsere Erde vollkommen anders aussehen: «Es gäbe vielleicht Nüsse und Gras, aber so gut wie all unsere Früchte und Blumen gäbe es nicht. Um als Gattung fortzubestehen, hat die Biene Wunder vollbracht. Sie hat Problem um Problem in Angriff genommen, und sie hat alle diese Probleme gelöst. Dabei hat sie gelegentlich scheinbar Unmögliches vollbracht.»

Wir trafen uns die Sommermonate hindurch bis in den frühen Herbst hinein. Bridge machte mich mit dem Wissen vertraut, wie man mit den Bienen arbeitet, wie man diese Tiere versteht und wie man die Früchte des Bienenstocks erntet. Ich genoss unsere Treffen und spürte, dass ich gerade etwas lernte: eine Fähigkeit, die mir nützlich war. Es war beinahe eine Form der Meditation, wenn wir miteinander in der Ruhe des Obstgartens arbeiteten. Ich sah zu und lernte. Oft arbeiteten wir schweigend, aber wenn Bridge sprach, tat er das mit einer solchen Poesie und Präsenz, dass ich mir seine Ausführungen sehr gut merken konnte. «In der Natur ist das Einfachste stets das Schönste. -Wir Menschen haben die Gewohnheit, das Schöne eher im Außergewöhnlichen und Seltenen zu erkennen, dabei ist es lediglich eine Variation dieser umfassenderen Regel.» Ich begann auch zu erkennen, welche Art von Mann Bridge war. Er war hart und unverblümt, mit einer unbarmherzigen Logik, aber niemals äußerte er sich abfällig. Gab er eine Anweisung, beschrieb er genau, warum dieser Unterricht sich lohnen würde und wie man den Stoff anwenden konnte. Er war ein Mann der stillen Offenbarung und des ernsten Ausdrucks.

Von einem Treffen mit Bridge kehrte ich nie mit leeren Händen zurück. Er schlief wenig, was die Begegnungen mit ihm gleichermaßen anstrengend und berauschend machte.

Es war nicht ungewöhnlich, dass wir von Sonnenaufgang bis Sonnenuntergang arbeiteten, gefolgt von einer Partie Schach am Abend. Bridge war ein geduldiger Gegner, gelegentlich pflegte er mit dem Rücken zum Brett zu spielen und mir seine Schachzüge zuzurufen. Dieses Duell der Gehirne wurde von der wuchtigen, intensiven Musik von Puccini, Strauss, Verdi und Wagner untermalt, die er schon zu lieben gelernt hatte, als seine Mutter mit ihm schwanger ging, denn in jener Zeit hörte sie nichts anderes als große Opern auf ihrem Grammophon. Nach unserer Schlacht auf dem Brett pflegte er aufzustehen, um Zeit mit den Bienen zu verbringen, und ich durfte mich ein paar Stunden «mit meinem Kopfkissen beraten», bevor der Arbeitsablauf von neuem begann.

Ich hatte selten, falls überhaupt, jemanden so sehr oder so schnell gemocht – ein Gefühl, das auch mehr als 17 Jahre später genauso stark ist. Er war aufrichtig bescheiden, und er war leidenschaftlich in seiner Haltung, die Wahrheit ans Licht zu bringen. Mit seinen Einsichten war er ein meisterlicher Seelenarzt, in seinen Schlussfolgerungen ein tiefsinniger Weiser. Es war nicht nur das, was er zu sagen hatte; es war auch seine Präsenz – ein Charme, der von subtiler Intelligenz und – von Unschuld zeugte, nicht von der naiven Sorte, sondern von jener Art Unschuld, von der man annimmt, dass sie Schutzpatronen, Heiligen und Propheten eigen ist. Er verströmte auch einen authentischen, kräftigen Hauch von jenseitiger Macht.

Ich begann zu erkennen, dass «Bienenzüchter» tatsächlich eine ziemlich unzutreffende Bezeichnung für diesen Mann war. Er tat wesentlich mehr, als einfach nur Bienen zu halten, irgendwie hatte ich das Gefühl, er sei eine *von* ihnen. Sicher kannten und respektierten ihn die Bienen. Er war, das sollte ich noch lernen, ein Meister der Bienen, ein Bienenmeister – ein Künstler, der mit der lebendigen Form arbeitet.

Aber die Bezeichnung *Bienenmeister* lässt sich leicht missverstehen, denn er war nicht etwa Meister der Bienen in dem Sinne, dass er die Tiere irgendwie benutzt hätte. Eher pflegte er zu sagen, dass er ihr Diener sei, oder vielleicht ihr Kollege. Er war ein Meister in der Kunst der Bienenhaltung und besaß ein ganz außergewöhnliches Verständnis für das Verhalten der Bienen. Er vermochte mit ihnen zu reden und war auf eine Weise mit dem Bienenstock verbunden, die es ihm erlaubte, einzuschätzen, welche einzigartigen Fähigkeiten die Bienen haben, und entsprechend behandelte er sie. Sie reagierten auf ihn in einer Weise, wie ich es nie zuvor und seitdem nie wieder gesehen habe. Oft saßen sie wie ein kleiner Ball auf seiner linken Schulter, während Bridge mit ihnen flüsterte und ihnen die ganze Zeit etwas vorsang. Sie antworteten mit einer süßen Bienenweise, sangen ihm als Gegengabe ein Wiegenlied. Einmal landete ein Schwarm auf seinem Kopf. Es müssen ungefähr 10 000 Bienen gewesen sein. Sehr langsam ging er zum Eingang eines leeren Bienenstocks und legte sich davor hin, seinen Kopf tief unten haltend. Die Bienen marschierten dann in den Stock hinein. Ein anderes Mal stießen wir in einem nahegelegenen Waldgebiet auf einen Bienenschwarm, hatten aber nichts dabei, um ihn zum Haus zu tragen. Er stand direkt neben dem Schwarm und wies mich an, energisch den Ast zu schütteln, auf dem der Schwarm gelandet war, so dass die

Bienen auf ihn herabfielen, wonach wir nach Hause gingen und den Schwarm in einem leeren Stock absetzten. Er war sozusagen ein Chamäleon für Bienen, wechselte ständig und ohne jede Anstrengung seine Farbe, um zu dem Bienenstock zu werden, den es gerade brauchte.

Wenn wir durch den Garten gingen, in dem Bridge sich bewegte wie in einem *Temenos*[7], während er Stöcke und Pflanzen inspizierte, entdeckte ich, dass in der Art und Weise, wie er über die Kunst des Bienenhaltens sprach, eine gewisse Förmlichkeit lag. Seine Ausführungen begannen immer mit den selben drei Worten. «*Der Bienenmeister weiß …*» Diese Formel, mit ritueller Feierlichkeit vorgetragen, wurde für mich zum Signal dafür, dass gleich der Unterricht beginnen würde und Bridge gleich sein Wissen in einem Vortrag an mich weitergeben würde. Die Einleitung hatte etwas von einer Bombenwarnung, die mich in eine fieberhafte Bereitschaft zur zerebralen Mitschrift versetzte – denn es war beinahe unmöglich, Bridge dazu zu bewegen, einen Vortrag zu wiederholen. «*Vestigia nulla retrorsum*», pflegte er in seinem geliebten Latein zu sagen. «Gehe nie den gleichen Weg noch einmal.»

Bridge oblag es, seinen Vortrag mit lupenreiner Klarheit und Genauigkeit zu halten, meine Aufgabe war es, mir das, was er sagte, ebenso konzentriert zu merken und dann in stiller Meditation darüber nachzudenken. Diese eidetische Vorgehensweise war ein Talent, das aus reiner Notwendigkeit aus mir hervorgezwungen wurde.

Mit der Zeit wurde mir schließlich bewusst, dass seine Vorträge in ihrer Gesamtheit eine Honigwabe aus poetischen Versuchen darstellten, die allesamt auf die Wahrheit wiesen – eine Wahrheit, die keinerlei Rechtfertigung bedarf.

Ich entdeckte auch, wie ungewöhnlich viel man sich unter geeigneten Bedingungen merken kann. Der Geist muss still sein und genügend Raum haben, um die Ereignisse und Lehren des Tages in Ruhe zu überdenken und durchzuspielen. So wurde ich recht geschickt darin, bestimmte Ereignisse zurückzuspulen und sie nochmal anzuschauen, als seien sie ein Film. Ich pflegte mir dann Notizen zu machen, während der Film vor meinem geistigen Auge ablief, und so füllte ich nach und nach ganze Notizbücher mit einer praktischen Philosophie, die sich auf die Lehren stützte, die mir übermittelt wurden. Bridge war selbst auf diese Weise unterrichtet worden, und diese Bindung der mündlichen Unterweisung an das Gedächtnis, an die Rezitation, war für seinen Lehrer von großer Bedeutung, und für ihn selbst jetzt auch. Für Bridge war die Schulung des Gedächtnisses ebenso wichtig wie Improvisation und Kreativität, die, wie er behauptete, unverzichtbar waren, um sich in das Kunsthandwerk der Bienen zu vertiefen.

Sein erster Vortrag für mich war kurz und präzise: «*Der Bienenmeister weiß*, dass kein anderes Tier so viele Menschen auf so unterschiedliche Weise inspiriert hat wie die bescheidene Biene. Keinem anderen Geschöpf wurde mehr Literatur gewidmet, ein kontinuierlicher Strom von Honig, von Aristoteles und Vergil bis heute. Jahrtausendelang haben Frauen und Männer mit der Biene gearbeitet, mit unterschiedlichem Erfolg, und während dieser langen Zeit haben wir gelernt, dieses kleine Geschöpf mit erheblichem Respekt zu behandeln, so sehr, dass die Biene oft als Symbol für Reinheit, Integrität, Fleiß und viele andere Tugenden verwendet wird.»

«Sie sind schon seit dem Känozoikum auf der Erde, seit ungefähr 55 Millionen Jahren. Wenn wir Bilder von den Zivilisationen des Alten Europa betrachten, entdecken wir, dass neben den Schlangen die Bienen jene Geschöpfe sind, die am häufigsten abgebildet werden. Schlangen und Bienen haben einiges gemeinsam. Beide Tiere leben in engen, dunklen Orten, beide verfügen sie über Gift, und beide kommen zu bestimmten Jahrezeiten aus dem Loch hervor. Aber während die Schlangen sowohl Gutes wie Böses symbolisierten, wurden die Bienen beinahe immer als wohltätig angesehen. Die Bienen geben uns das schönste Beispiel für Gemeinschaft, das sich überhaupt finden lässt, in dieser Hinsicht haben sie uns viel zu lehren. Wenn es in der Natur eine Arbeit zu tun gibt, bringt die Natur einen Geist hervor, der diese Arbeit zu tun vermag: die bescheidene Honigbiene, unsere älteste Verbündete.»

«*Der Bienenmeister kennt* die Biene als bemerkenswertestes aller Geschöpfe, als gesellige Alchemistin, und in der Tat ist sie das erstaunlichste Wesen in der Natur», referierte er, ehe er seine heimliche Leidenschaft für Sprache und Sprachwissenschaft offenbarte. «Die Biene war immer und überall Symbol des Lebens – Leben als Unsterblichkeit. In der keltischen Sprache kann sowohl das kornische *beu* als auch das irische *beo* und das walisische *byw* mit ‹lebend› oder ‹lebendig› übersetzt werden. Im Englischen sagen wir *to be* für ‹sein›, und *bee* für ‹Biene›. Das griechische Wort *bios* sollte auch erwähnt werden. Also steht die Biene für das elementare Verb ‹sein› – und sie ist dessen Manifestation. ‹Ich bin, du bist, er ist›, verkündet sie, während sie vorbeisummt.

In der Mythologie symbolisiert die Biene einen Gastgeber für hohe Herrschaften. Für jeden, der fähig ist, auch nur einen Moment lang die Kapriolen der Vernunft beiseitezulassen, und den Mythos als das anzunehmen, was er ist – keine Geschichte oder Lüge oder eine Verfälschung der Fakten, sondern der Kern der Wahrheit –, sollte es keine große innere Anstrengung sein, sich deren Bedeutung zu erschließen.» Seine Augen schauten mich durchdringend an, um zu prüfen, ob ich verstanden hatte. Dann sprach er weiter, sehr langsam: «Es ist nur eine Sache des Zuhörens.»

Er pflegte niemals durch besondere Hinweise Aufmerksamkeit zu erregen, und trotzdem war ich stets ganz Ohr, wenn er sprach. Ohne es bewusst zu erkennen, ahnte ich, dass er mich an einen sehr seltsamen Ort geführt hatte – in einen Bereich der Seele. Er verfügte über eine ungewöhnliche Kombination aus intuitiver Energie und merkurischen Geistesblitzen, glich dies mit einer bestimmten wohlbemessenen Schwere und einer gewissen Losgelöstheit aus, was es ihm erlaubte, auf fast alchemistische Weise einen Umbau der Metalle im Schmelztiegel seiner Vorstellungsgabe zu bewerkstelligen.

Bridge war mit seinem Lehrer weit gereist, und er war Zeuge der Arbeit von Bienenmeistern in aller Welt gewesen. Er wohnte der Arbeit von australischen Aborigines bei und nahm daran teil. Sie pflegten an einem Wasserloch auf Bienen zu warten, die dorthin kamen, um Wasser zu sammeln. Dann verwendeten sie ein spezielles Kraut, das einen klebrigen Saft absondert, und befestigten mit diesem Saft ein Stück Flaum auf dem Rücken einer Biene. Das beschwerte die Biene, und so konnte man ihr leicht durch den Wald folgen, um den Baum zu finden, an dem der wilde Bienenstock hing. Dort sammelten die Aborigines den Honig ein. Bridge reiste auch zum Volk der Kayapo im brasilianischen Amazonasbecken, um dort mit den Bienenschamanen zu arbeiten, die über großartige Fähigkeiten in der Identifikation verschiedener stacheloser Bienen verfügten und sich darauf verstanden, deren Nester zu finden. Die Bienen dort pflegten immer Honig «für Bepkororoti, den großen Bienenschamanen zurückzulassen, der mit einem Blitz in den Himmel aufgenommen wurde». Mit der Zeit hörte ich von vielen seiner Abenteuer, und schließlich nahm ich selbst an Abenteuern teil.

Nach neun Monaten begann Bridge mir erste Hinweise auf etwas zu geben, das sich hinter der Tätigkeit des Bienenzüchters verbarg. Er sprach von einer Gruppe von Imkern, die er als Mitglieder eines Bienen-*Kultes* bezeichnete. Ich war fasziniert.

«Wir sind einfach Imker», sagte Bridge und lachte, als er meine aufgerissenen Augen sah. «Aber gleichzeitig sind wir auch die Träger eine immensen Wissens, das von einer Generation zur nächsten weitergegeben worden ist». Ich fragte ihn, ob er damit meinte, dass sämtliche Imker im Land – und eigentlich auf der ganzen Welt – Mitglieder dieses geheimnisvollen Kultes seien.

«Nicht alle, die Bienen halten, sind *unbedingt* auch Angehörige unserer Tradition. Doch egal, ob sie direkt zu uns gehören oder nicht», fuhr er fort, «fühlen sich doch die meisten Imker in einer Art Bruderschaft miteinander verbunden. Wir sind miteinander verbundene Fremde. Die meisten wissen nichts darüber, dass der Bienenkultus überhaupt existiert, doch sind sie mit dem Mysterium verbunden, ohne Fragen zu stellen. Oft sind sie sich nicht bewusst, dass sie eine Quelle von Gnade und Macht anzapfen, was sich bereits in ihrer großartigen Gesundheit und ihrer ausgewogenen Lebensweise ausdrückt.»

«Die Lehren, die in dieser Tradition enthalten sind, wurden so gewissenhaft weitergegeben, dass sie niemals in Gefahr standen, ausgelöscht zu werden. Der Bienenkultus wurde nicht geschaffen, sondern herbeigerufen, und der Zufluchtsort der Tradition ist eine Festung, die niemals eingenommen werden kann. Für den Nichteingeweihten ist der Kultus – wie die Stadt der Bienen selbst – verborgen, verschleiert. Nichts ist über seine im Innern abgehaltenen Ratsversammlungen bekannt, über die Debatten und Entscheidungen, über die Gouverneure und Offiziere, über die Supervisoren, welche die Aufgaben zuteilen, über die Wiedergeburt, die sich ereignet, und die Ausbildung, die angeboten wird.» Es war mir nicht ganz klar, ob Bridge sich nun auf den Bienenstock bezog oder auf die Tradition der Bienenhaltung. Vielleicht meinte er beides.

Bridge deutete an, dass der Bienenkult sehr alt sei und sich auf die Zeit der ersten menschlichen Partnerschaft und des Austausches mit anderen Lebewesen zurückverfolgen lasse. Das war die Zeit, bevor es Landwirtschaft und Tierhaltung gab, eine Zeit, in der eine echte natürliche Lebensweise und gegenseitige Kooperation zwischen dem Land und seinen Geschöpfen nicht nur als Tatsache außer Frage stand, sondern auch unumgänglich war, um überleben zu können. Zeiten der Verfolgung etwa, der Hexenverfolgungen und -prozesse, die Trennung der Menschen vom Boden, die Entstehung der Landwirtschaft, die Industrialisierung, der Anbruch des Maschinenzeitalters – all das hatte dazu beigetragen, die Abstammungslinie in den Bienenstock zu zwingen, metaphorisch gesprochen, weil es der vollkommene Platz war, um unsichtbar zu sein.

«Du hast die Zeichnungen auf den Bienenstöcken gesehen, nicht wahr, Junge?», fragte er, wobei er sich auf Bilder bezog, die sorgfältig ausgeführt auf jedem von seinen Bienenstöcken angebracht waren – Bilder von Tieren, Glyphen und unbekannte Formen und Symbole.

«*Der Bienenmeister weiß*, dass dies unsere modernen Petroglyphen sind – unsere ‹Höhlenmalereien›, die uns mit den frühesten Mitgliedern unseres Kultes verbinden. Die Archäologen haben nicht verstanden, dass die Höhlenbilder, genau wie unsere Bilder auf den Bienenstöcken, nicht als Kunst ausgeführt wurden. Warum wohl waren diese Meisterwerke, die Picasso vor Neid nach Luft schnappen ließen, in tiefen, dunklen Höhlen verborgen, manchmal auch in Durchgängen, die so eng waren, dass nur eine einzige Person hindurchkriechen konnte, um sie zu sehen? Ganz einfach: Man wusste, dass die Wände der Höhlen Membranen waren, hinter denen die Gefilde weiser Lehrer lagen. Die Tiergeister und der Künstler-Schamane zogen die Tiere durch die Membran und fixierten sie dann auf der Oberfläche. Die Handabdrücke auf diesen Wänden und die Fingerabdrücke in weichem Lehm zeigen Momente an, in denen unsere Vorfahren ihre Hände nach den Geistern ausstreckten und sie zu erreichen suchten. Wenn wir heutzutage auf unsere Bienenstöcke malen, folgen wir genau diesem Prinzip.»

Bridge fuhr fort: «Wenn sich Menschen bewusst werden, dass etwas in ihnen aufsteigt, wird sich gewöhnlich ein Mitglied des Kultes finden lassen, das sie unterweisen kann und mit ihnen eine vertrauliche Verbindung eingeht. Und dann gibt es da noch jene, die ausgewählt sind

und einem von uns Älteren zur Seite gegeben werden.»
Ich fragte mich, ob er dabei an den Tag dachte, an dem
wir uns das erste Mal begegnet waren, und an die Bienenstiche, die ich bekommen hatte. War das ein Signal für ihn
gewesen? Ich erinnerte mich noch genau an den seltsamen
Ausdruck in seinen Augen, als hätte er beobachtet, was die
Bienen taten, als hätte er darauf gewartet, dass sie mich
akzeptieren würden.

«Dein Weg wurde dir bereitet durch das Gesetz der
spirituellen Anziehung. Du bist hier angekommen, weil
das, was zu dir gehört, zu dir kommt. Es ist die Kraft
des Kultes selbst, die auf uns beide einen polaren Magne-
tismus ausgeübt hat, und deshalb befinden wir uns in der
Gesellschaft des anderen. Ein Element des Zufalls gibt es
bei unserer Begegnung nicht.»

3

Der kleine Ast am großen Baum

Ich habe die Vergangenheit gesehen, und sie funktioniert.
BID BEN BID BONT

Das alte Jahr endet exakt mit dem ersten Glockenschlag zu Mitternacht am 31. Dezember, und das neue Jahr beginnt, wenn der letzte der zwölf Schläge verklingt. Doch was geschieht in der Zeit dazwischen?

Bridge stellte mir diese Frage, als wir uns am letzten Tag des Dezembers trafen. Ich weiß inzwischen, dass der Bienenmeister herausfinden wollte, ob ich von jenen Zeiten wusste, in denen der Vorhang zwischen der spirituellen und der materiellen Welt durchlässig wird – dem «Betwixt and Between», dem Dazwischen, das die Kelten so liebten. Während dieser Zeiten sind wir tatsächlich nirgendwo, wir sind verloren, an einem Ort, der weder hier noch dort ist, sondern überall gleichzeitig. Nirgendwo sonst als im Jetzt.

Als Antwort auf Bridges Frage erzählte ich ihm eine Geschichte, die ich als Kind gehört hatte und die sich mir all die Jahre über eingeprägt hatte. Ein Korrespondent des BBC World Service beschrieb Zeremonien von Angehörigen eines afrikanischen Stammes zum Ende ihres Mondzyklus. Zu einem bestimmten Zeitpunkt wurden Gesang und Trommeln leiser, während die Götter und göttlichen Wesen sich unsichtbar aus der Welt zurückzogen und wir bedauerlichen menschlichen Seelen uns einen Augenblick lang, ein Leben lang, während eines Moments, der ewig währte und in einem Herzschlag eingefangen war, selbst zu helfen wissen mussten. Ich habe mich schon oft gefragt, was jener verlorene Augenblick für uns Menschen der modernen Welt bedeuten mochte. Sehr wahrscheinlich beachten viele ihn gar nicht, und er vergeht einfach so, da wir keine Rituale haben, die uns auf solche Dinge hinweisen würden. Einige Momente lang herrschte in Afrika absolutes Schweigen, während sich die Götter zurückzogen. Dann setzte plötzlich triumphierendes Trommeln ein, während die Geister unsichtbar zurückkehrten und das neue Jahr in ihren Armen wiegten.

Der Grund, warum ich mich an die Geschichte erinnert hatte, lag darin, dass der Reporter, ein moderner westlicher Mann, seinem Bericht angefügt hatte, dass er sich dafür verbürge – obwohl er nicht erwartete, dass seine Zuhörer ihm glaubten –, dass sein Kassettenrekorder während der wenigen Momente des heiligen Schweigens stehengeblieben sei. «Die Zeit des Dazwischen, Bridge?», fragte ich.

«Eine hübsche kleine Geschichte», stimmte er zu, «und eine Geschichte, von der ich möchte, dass du sie den Bienen erzählst, denn sie werden sie verstehen.»

Bridge hatte mich kurz zuvor gebeten, damit zu beginnen, den Bienenstöcken meine wichtigsten Erkenntnisse zu erzählen, um so eine lebenslange Gewohnheit zu begründen, mit den Bienen zu sprechen. Tatsächlich sollte ich lernen, dass «Es den Bienen erzählen» eine der wichtigsten Praktiken in dieser Tradition ist. Gleiches gilt auch für «Die Bienen fragen», worauf das alte Sprichwort «Frag die wilde Biene, was die Druiden wussten» hinweist oder, wie ich es im Stillen abzuwandeln pflegte, wann immer sich die Gelegenheit dazu bot, Bridge eine Frage zu stellen, «Frage den wilden Druiden, was die Bienen wussten»! (Das Wort *Druide*, wie ich es hier verwende, bezieht sich auf eine Frau oder einen Mann mit außergewöhnlichem spirituellen Wissen.)

Diese beiden Praktiken, die Bienen zu fragen und ihnen etwas zu erzählen, sind offensichtlich miteinander verbunden. Aber was genau erzählen wir ihnen und warum, was fragen wir sie und weswegen? Ich sollte die Antworten bald erfahren.

«Was wir die Zeit des Dazwischen nennen, sind jene Momente, in denen wir fähig sind, sehr beredt mit dem in Kommunion zu sein, was direkt unter der Wahrnehmungsschwelle von Sehen und Bewusstsein liegt», fuhr der Bienenmeister fort. Er erinnerte mich daran, dass es bei Meditationsformen, die mit dem Atem arbeiten, normalerweise eine rituelle Pause gibt. «Zwischen dem Einatmen und dem Ausatmen, zwischen einer Lebenszeit und der nächsten, wartet etwas einen Moment lang. Dies sind die Momente, in denen es zu handeln gilt – um neue Ideen einzuführen, neue Beziehungen zu beginnen, und, lieber Twig, in diesen Momenten gilt es, neue Menschen einzuweihen.»

Seit einigen Wochen hatte er begonnen, mich ohne weitere Erklärung Twig, also «Zweig», zu nennen. Er nannte mich so, nachdem er sich erkundigt hatte, ob ich daran interessiert sei, tiefer in die Arbeit einzusteigen, und meine Antwort erhalten hatte: Ja.

Ich fragte ihn, warum er angefangen hatte, mich bei diesem recht speziellen Namen zu rufen. Sehr ernsthaft antwortete er, dass es sich dabei um einen Namen handle, den die Bienen ihm genannt hatten, auf dass er ihn an mich weitergebe und ich seine Bedeutung heraus bekäme, was meine «Frucht» sei, die ich zu «ernten habe» – einer seiner Lieblingsausdrücke, was bedeutete, dass er mir in dieser Angelegenheit keine weitere Unterstützung mehr geben würde. Es war tatsächlich so, dass Bridge, wenn er je der Meinung war, dass eine meiner zahlreichen Fragen keine Antwort wert war, oder wenn er fand, ich hatte eine zu einfache Frage gestellt, mir häufig mit einem knappen «niedrig hängende Früchte, Twig, niedrig hängende Früchte» zu entgegnen pflegte. Das bedeutete: «leicht zu beantworten, finde es selbst heraus». Gelegentlich verkürzte er es noch weiter, indem er wortlos mit den Lippen

das Wort *Frucht* formte, dabei seine Augenbrauen hoch-
zog und mich hinausbegleitete. Bridge vermochte mit wenigen Worten viel zu sagen.

So frustrierend das für mich auch sein mochte, erkannte ich schließlich, dass im Fragenden eine innere Spannung
entsteht, wenn eine seiner Fragen nicht direkt beantwortet
wird. Dadurch führt eine Frage unweigerlich zu einer weiteren Frage, und die Antworten, die sich ergeben, sind niemals endgültig. Bridge beantwortete Fragen kaum je mit
einem abschließenden Ja oder Nein. Für ihn war das Leben weitaus vielfältiger.

Was er mir über meinen Namen erzählte, war jedoch
faszinierend und ließ mich weitere Einsichten gewinnen.
Wie Bridge selbst sich ausdrückte und wie es in der Tradition hieß, der er angehörte: «Mit den Worten von Shake-
speares Cäsar ist es dein ‹Name, der Wunder wirkt›, dein
beschwörender Name, dein magisches Motto. Auch mein
Lehrer gab seinen Schülern Namen, und dessen Lehrer tat
es ebenso. Tatsächlich waren es die Bienen, welche die Namen gaben, und die Lehrer übermittelten sie nur. Der volle
Name, den mein Lehrer an mich weitergab, lautete in seiner Muttersprache ‹Bid Ben Bid Bont›, das stammt aus dem
großen *Mabinogion*[8] und bedeutet ‹Wer führen will, muss
eine Brücke sein›. Und so wurde ich von meinem Lehrer
Bridge genannt.»

«Die Bienen erzählten mir, dass du der letzte der mir
Anvertrauten sein würdest – und ich war verdammt erleichtert, als ich das hörte!», sagte er lachend. «Sie sagten,
du seist ‹der kleine Ast des großen Baumes›. Meiner Ein-
schätzung nach macht dich das zu einem Zweig und deshalb bist du Twig: der kleine Ast am großen Baum.»

Es war Silvesterabend, und das Datum hatte mich
dazu veranlasst, die Frage nach dem Augenblick der
Unendlichkeit zwischen dem alten Jahr und dem neuen
zu stellen. Ein verschleierter Mond neigte sich über die
Baumspitzen, als wir in den Obstgarten hinaustraten, im
fahlen Mondlicht wirkte er doppelt so groß wie sonst.

Es war, als dehnte und räkelte sich der Abend, nachdem sich der Muskel des Tages endlich entspannt hatte. Wir schienen in der Mitte eines weiten Hügellandes zu stehen, und die Wohnstätten der Bienen erstreckten sich tief in die Dunkelheit hinein. Die Bienenstöcke hatten sich in Hügel aus wattigen Schneeschichten verwandelt, und Eis versiegelte das Wasser im alten Brunnen. Aus den Bienenstöcken drang das gedämpfte, dumpfe Murmeln träumender Bienen. Der Bienenmeister zündete seine Laterne an und hielt sie dicht vor den Eingang eines seiner ältesten Stöcke. In der anderen Hand hielt er ein offenes Glas, auf dessen Boden ein wenig Honig gestrichen war. Er begann zu singen, ein ruhiges, tiefes, bienenähnliches Summen. Als Antwort auf seinen Ruf tauchten zwanzig bis dreißig Bienen aus dem Stock auf und kletterten ruhig in das Glas, das er schnell verschloss. Wir gingen wieder ins Haus und kehrten zum roten Glühen des Herdes zurück – Bridge, ich, und die Bienen – und zogen dicke Samtvorhänge vor die Nacht.

Bridge verschwand kurz in einen Nebenraum und kehrte mit einem seltsamen Gegenstand zurück, der aussah, als stamme er aus dem Mittelalter. Aus meinen Kindertagen mit Herrn Professor erkannte ich es als Räuchergerät: eine zylindrische Feuerkammer, kompakt und leicht mit einer Hand zu halten, mit einem kleinen Blasebalg an der Seite. Wenn man mit den Bienenstöcken arbeitete, wurde die Feuerkammer in der Regel mit kleinen Stückchen von morschem Holz, mit Dung, getrocknetem Gras, Herbstblättern oder Piniennadeln gefüllt. Alles zusammen ergibt einen ausgezeichneten Brennstoff für das Räuchergerät, den Smoker; er wird angezündet und dann am Glimmen gehalten, indem der Blasebalg bewegt wird, wodurch Rauchwolken entstehen, die aus einem Loch aus der Feuerkammer steigen. Mit dem Smoker wird dicker, kühler Rauch in die Bienenstöcke geblasen, was die Bienen beruhigt. Während sie herauszufinden versuchen, wo der Rauch herkommt, vergessen sie, sich um ihr Heim zu kümmern, und nehmen stattdessen so viel Honig auf, wie sie nur können. Erinnerungen an Waldbrände steigen in ihnen auf, und damit einher geht der Impuls, den Flammen mit gefüllten Mägen zu entkommen, um überleben zu können. Schwer von süßer Nahrung, werden sie weitaus sanftmütiger. Außerdem ist es für die Bienen schwierig, sich selbst in eine stechbereite Position zu bringen, wenn ihr Körper mit Honig gefüllt ist.

Der Bienenschamane nutzt das Räuchergerät nicht nur auf diese Art. Er ist auch versiert darin, das Werkzeug auf eine zweite Weise anzuwenden. Reglos wie eine Motte auf einem Ast beobachtete ich an diesem Abend, wie Bridge den Smoker anzündete und ihn mit der Fähigkeit eines geschickten Handwerkers einsetzte, der mit seinem Werkzeug verheiratet ist. Nach ein paar schweigsamen Momenten, in denen er den Blasebalg bediente, winkte er mich zu sich herüber und sandte eine Reihe dichter Rauchwolken an mir hinauf, wieder hinab und über mich hinweg. Es war kein brennendes Holz oder Dung oder trockene Blätter, was ich nun roch, sondern eher ein honigsüßes Aroma, das, wie ich wusste, aus dem Bienenstock stammen musste, ich jedoch nicht identifizieren konnte. Erst später erfuhr ich, dass es Propolis[9] war, eine geheimnisvolle, magische Substanz, die von den Bienenschamanen schon so lange bei ihrer Arbeit verwendet wird, wie die Welt alt ist.

Die sich über mich ergießende Fontäne warmen Rauches gab mir ein Gefühl von Luxus. Nachdem er meinen Körper derart begossen hatte, drückte Bridge die Bälge des Smokers nah bei meinen Ohren und ließ die Wärme in mich hineinströmen. Es war, als würde eine honigsüße Brise durch meinen Geist wehen.[10]

Es war köstlich und berauschend, eine zeremonielle Reinigung von großer Kraft und Schönheit. Doch worauf sollte ich damit vorbereitet werden?

«So, Junge, du bist fertig», sagte der Herr des Rauches. «Setze dich auf einen jener zwei Stühle dort.» Ich fühlte mich trunken vor Reinheit, unfähig, irgendetwas anderes zu tun als zu gehorchen.

Die beiden Stühle standen einander gegenüber – *genau* gegenüber – vielleicht einen Meter voneinander entfernt. Sie waren eindeutig antik, Eiche aus dem 17. Jahrhundert, vermutete ich, aber was sie von anderen Stühlen unterschied, die ich aus jener Epoche gesehen hatte, waren ihre auffallenden Schnitzereien. Genau an der Stelle, wo sich der Rücken auf Taillenhöhe an die Lehne des Stuhles fügte, streckte sich wie eine geballte Faust eine Schnitzerei hervor: Es war das Gesicht eines Mannes, umschlossen von grünem Laub aus Eichenblättern mit Ästen, die seinem Mund, seinen Augen und Ohren entsprossen und Früchte trugen. Es war der Grüne Mann, ein heidnisches Symbol, wenngleich es ironischerweise vor allem an Orten christlicher Andacht gefunden wird – in winzigen Kapellen so gut wie in großen Kathedralen, versteckt in Ecken oder als Emblem auf Bossensteinen. Der Grüne Mann ist ein ursprüngliches, mächtiges Symbol der Erneuerung und der immerwährenden Wiedergeburt der Natur, das ursprünglich in die Kirchen gebracht wurde, um die Landbevölkerung anzuziehen und zu gewinnen – die *Heiden*. Für mich sah diese Schnitzerei so aus, als machte sie die Stühle außergewöhnlich unbequem, und ich stellte mich darauf ein, mich den Rest des Abends unbehaglich zu fühlen. Als ich jedoch, einem Hinweis folgend, auf dem Stuhl etwas tiefer rutschte, bemerkte ich überrascht, dass genau das Gegenteil der Fall war: Der Grüne Mann passte fast perfekt in meinen Rücken, und so gab er mir sogar Halt. Was immer der Abend noch bereithalten mochte, wenigstens würde ich ihn nicht so leidend verbringen, wie ich mir das bereits ausgemalt hatte.

Als ich erst einmal saß, trat Bridge mit zwei Gläsern und einer Flasche, die eine undurchsichtige Flüssigkeit enthielt, herbei, wobei er die Flasche so trug, wie ein Butler einen unbezahlbaren alten Wein aufgetragen hätte. Der Korken kam mit einem klingenden, jubilierenden Knall heraus, und eine blasse, strohfarbende Flüssigkeit schäumte in die Gläser wie Champagner. Sie hörte sofort auf zu schäumen, und der Bienenmeister hielt sie gegen das Licht. «Met – ein Trank, der aus Honig gebraut wird und älter ist als das Rad. Mein Lehrer stellte mir Met als ‹Druiden in flüssiger Form› vor», sagte Bridge. Dann brach er zu meiner freudigen Überraschung in Verse aus und vollführte dazu einen schnellen, lebhaften Tanz.

> *Den Saft der Biene, nicht des Bacchus,*
> *Britanniens alte Barden zechten,*
> *in Beeren nur die Furien schwellen,*
> *wo in der Wabe Grazien weil'n.*

«Der wurde zehn Jahre nach deiner Geburt gemacht, Twig, und es war im ganzen Land das beste Metjahr seit langem. Die Geschichte des Met ist so lang, so reich, und so spannend wie das Getränk selbst. Es ist das Getränk unserer Vorfahren, das älteste alkoholische Elixier in der Geschichte der Menschheit, wenn auch leider nur wenige Menschen je davon gekostet haben.

«Dies ist ein besonderes Gebräu, bekannt als *Metheglin* oder, in meiner Sprache, *Meddyglyn* – Medizin. Die alten Griechen nannten es Ambrosia oder Nektar, und es galt als Göttertrank. Es fiel als Tau vom Himmel und wurde von den Bienen eingesammelt. Man wusste, dass ihm magische und heilige Eigenschaften zukommen, und dass es, wenn es als Akt der Kraft und der Verbundenheit mit dem Bienenstock hergestellt wird, lebensverlängernd und gesundheitsfördernd wirkt, Stärke, Männlichkeit und kreative Kräfte verleiht sowie – was du bestimmt bestätigen kannst, da du in meiner Gesellschaft bist – Scharfsinn und Dichtkunst! Wir Kelten wissen von einem Fluss aus Met, der durch das Paradies fließt, und sogar ihr Anglo-Kelten pflegtet Met als etwas zu schätzen, das Unsterblichkeit, Dichtkunst und Wissen verleiht. Tatsächlich existiert der Mythos vom Met heute noch, wenn auch von den meisten unbemerkt. Der Begriff *Honeymoon*, ‹Honigmond›, entstammt der alten Tradition, Brautpaaren ausreichend Met für einen Monat, also einen Mondzyklus, zu schenken, um eine fruchtbare Vereinigung der beiden zu gewährleisten. In alter Zeit war der Lohn des Metmachers oft sehr hoch, was davon abhing, *wie* schnell das erste Kind – das unvermeidlich auf den *Honeymoon* folgte – geboren wurde und welches Geschlecht es hatte!»

Vorsichtig nippte ich an der magischen Flüssigkeit, die Bridge mir anbot. Ich wusste nicht, was ich von diesem Honigmond-Trank zu erwarten hatte. Die Wirkung setzte sofort ein. Es schmeckte nach Obstgärten, Sandelholz, Zeder und Unschuld und nach einem wilden Geheimnis, das verborgen im unergründlichen Potenzial dieses Getränks lag. Ich hörte mich seufzen und entspannte mich, als der Alkohol sanft in mein Blut überging. Bridge füllte mein Glas erneut, aber er selbst trank nichts mehr davon, und mir kam der Gedanke, dass es für das Auftauchen des Met einen bedeutenden Anlass geben musste, denn Bridge trank nicht einfach so nebenbei, und er hatte zielgerichtet sehr kleine Schlucke genommen, so als führe er sich ein Sakrament zu.

Ich war bereits gut in Fahrt und auf sanfteste Weise berauscht, als ich Bridge dabei zusah, wie er das Glas über seinen Kopf hob und einen Toast auf die Königin ausbrachte. Ein zufälliger Beobachter hätte das für einen unschuldigen Toast auf das Oberhaupt der britischen Monarchie halten können. Für jene, die genauer wussten, was hier vorging, handelte es sich jedoch um einen Gruß an die Königin als Mittelpunkt des Bienenstockes.

Bridge setzte sich auf den Stuhl mir gegenüber. Während er das tat, schien es, als ob die Nacht sich veränderte und eine tiefe Feierlichkeit dem Ort die Luft nahm. Mich ergriff eine klaustrophobische Stimmung, und ich saß reglos wie ein Schmetterling, der von einer Nadel aufgespießt wird. Bridge begann zu sprechen.

«*Der Bienenmeister weiß*, dass es auf diesem Pfad,

dem Pfad des Pollens, ein Wissen und Methoden gibt, die jahrtausendelang zu treuen Händen bewahrt wurden, öffentlich genutzt, doch sehr diskret, wenn zur Heilung nötig, und von unseren Gefährten und Vorfahren innerhalb dieser Tradition verwendet, um ihr Verbundensein mit dem verborgenen Universum zu vertiefen.»

«Heute Abend möchte ich mit dir eines der großen Geheimnisse der Tradition teilen. Es betrifft den Bienenstachel. Wir kennen es als das Heilige Gift, oder das Geheime Feuer, eine mächtige und mystische Substanz, die Krankheit alchemistisch in Gesundheit umzuwandeln vermag. Wir haben ihre Anwendung entschlüsselt, und es ist daraus sowohl eine Kunst als auch eine Wissenschaft entstanden, die über Generationen hinweg entwickelt und verfeinert wurde.»

«Hippokrates, der Vater der Medizin, war ein Eingeweihter der Verwendung des Heiligen Giftes, das er *Arcanum* nannte, ‹heiliges Geheimnis›. Eine der ältesten ägyptischen Papyrusrollen, der Smith-Papyrus, der mehr als 3000 Jahre alt ist, besagt, dass es schon damals als verfeinerte Heil- und Einweihungsmethode verwendet wurde und jede nachfolgende Generation diese Methoden weiter ausgearbeitet und präzisiert hat. Wir, die wir die tiefere Verbundenheit mit dem Bienenstock aufrechterhalten, sind die ursprünglichen Akupunkteure, Inhaber und Bewahrer eines urtümlichen Heilsystems, bei dem der Bienenstachel so verwendet wird wie heutzutage die Nadel der Akupunkteure.»

«Bis heute findest du in China einige – einige wenige – bejahrte Akupunkteure, die ihre Nadeln in die Sonnentropfen des Bienengifts tauchen, ehe sie diese Nadeln in den Körper des Patienten setzen. Diese Alten stehen über eine, zwei Verzweigungen vielleicht mit unserer Tradition in Verbindung. Die Kraftlinien, Kanäle und Meridiane des Körpers waren jahrtausendelang bekannt dafür, Bewahrer der Bienenweisheit zu sein, Korridore, die bestimmte Energiepunkte miteinander verbinden, durch welche Energie im Körper zirkuliert. Das Blut und die Lebensessenzen reisen durch dieses System von Leitungsbahnen, die eine Vielzahl von Punkten im Inneren und Äußeren des Körpers miteinander verbinden. An einigen dieser Punkte konzentriert sich große Energie, die angepasst, angeregt oder sogar umgeleitet werden kann. Das schafft nicht nur Gleichgewicht und Heilung, sondern es erlaubt dem Eingeweihten auch, mittels Stimulierung durch das Heilige Gift in die Welten einzutreten, die außerhalb von Zeit und Raum existieren, zum Ort zu reisen, wo unsere Vorfahren uns unterrichten. Diese Lehren bilden das Magnum Opus, das ‹Große Werk›, dieser Tradition.»

Mein Verstand machte Überstunden aufgrund der Wirkung des Tranks, des Augenblicks und der Art, wie das Mondlicht sich mitverschworen hatte, diese Enthüllungen mit Feierlichkeit auszustatten. Bridge sagte damit, dass frühere Gemeinschaften nicht nur eine Möglichkeit gefunden hatten, sich selbst zu heilen und in Harmonie zu bringen, sondern dass ihnen durch den Bienenstachel auch ein Weg zu den Göttern aufgezeigt worden war. Mein Verstand schlug Purzelbäume, aber meine Neugier hieß mich schweigen.

«Sicher», fuhr er fort, «kennt der Pfad des Pollens auch seine Gefahren, denn vor der Geburt stehen die Wehen – kein Honig ohne Stachel. Aber wer es auf diesem Pfad zur Vollendung bringt, dem verleiht er außerordentliche Kontrolle über die physischen Erscheinungen. Dazu zählt auch die Fähigkeit, Materie umzuwandeln, sämtliche Krankheiten zu heilen und die Dauer der menschlichen Inkarnation zu verlängern. Der Pfad des Pollens ist unser Yoga, unser Übungsweg zur Einheit und Verbundenheit mit dem unvorstellbaren verborgenen Universum und mit diesem wunderschönen blaugrünen Juwel, das unsere Erde ist.»

Die Unterweisung war beendet, und ich wusste, wir würden jetzt nicht weiter darüber sprechen, auch wenn ich vor Fragen beinahe platzte. Wenn ich ihn richtig verstanden hatte, so hatte Bridge angedeutet – nein, mehr als angedeutet, er hatte tatsächlich *behauptet*, dass die besondere Anwendung des Bienenstachels und der Kräfte, die er verlieh, Materie umwandeln und *alle* Krankheiten heilen konnte; und dass die Kräfte darüber hinaus es dem Empfänger erlaubten, wenn nicht unsterblich zu sein, so doch gewiss befähigt zu werden, die eigene Lebensspanne weit über das hinaus auszudehnen, was gemeinhin als normal galt.

Jetzt war jedoch nicht die Zeit für Fragen. Gleich würde etwas geschehen, da war ich mir sicher. Aber was? So wie jetzt hatte ich Bridge nie zuvor gesehen. Es war, als bereite er einen bitteren Schlag gegen mich vor. Vielleicht würde er mich bitten, zu gehen und niemals wiederzukommen, nachdem das letzte Geheimnis enthüllt worden war. Ich erwog sogar einen Moment lang, in der Dunkelheit und vom Trank erhitzt, dass er mich nun würde töten müssen.

Schließlich fuhr er fort. «Ich teile dieses Wissen heute Abend mit dir, weil du und ich in unserer gemeinsamen Arbeit nun an einem Scheideweg angelangt sind. Du hast die Wahl, welchen Weg du gehen willst. Du kannst den Weg zurückgehen, den du gekommen bist. Du kannst dich umdrehen und wirst eine offene Straße vor dir finden. Oder du kannst auf einen Seitenweg abbiegen, einen Weg mit vielleicht weniger Hindernissen – einen, der es wert ist, in Erwägung gezogen zu werden, mein Junge! Direkt vor dir jedoch liegt ein Ort voller Kämpfe und Herausforderungen. Genau hier stehe ich jetzt und warte auf dich.»

Er senkte seine Stimme mit einem Ernst, der eins mit der Dunkelheit war. «Ich möchte dich formell einladen, dich uns anzuschließen. Wenn du die Einladung annimmst, bedeutet es, dass dir die Einweihung mittels des Heiligen Giftes und anderer weiterführender Prüfungen und Segnungen zuteil wird und du diese Herausforderungen durchstehst. Ich möchte dich dazu einladen, dich einweihen zu lassen in den Pfad des Pollens, dich an ihn erinnern zu lassen, an den Weg des Waldes, an die Bruder-schaft und Schwesternschaft des Heiligen Bienenstocks. Ich möchte dich einladen, Twig» – und hier machte er eine Pause, die Minuten zu dauern schien –, «ich möchte dich einladen, mein spiritueller Sohn zu werden.»

Die Nacht wog schwer auf mir, und selbst die Luft schien den Atem anzuhalten. Nichts rührte sich. Es lässt sich schwer erklären, wie mir im Moment dieser Einla-dung zumute war. Nicht, dass ich mich nicht an das Ge-fühl erinnern kann, es ist eher so, dass es kein einzelnes Wort gibt, um es zu beschreiben. Ich erinnere mich daran, dass ich ein wenig weinte, vielleicht weil ich von einem Gefühl der Heimkehr überwältigt war; als ob mir dieser Ort vertraut gewesen wäre, ich ihn jedoch vergessen oder mich von ihm abgewandt hätte und ich nun von einem Va-ter willkommen geheißen würde, der mir vergeben hatte. Obwohl er es niemals zugegeben hätte, glaube ich, dass Bridge genauso bewegt war und er über meine Reaktion erleichtert war. Ich formte das Wort *Ja* mit meinen Lip-pen, und Bridge trat ruhig auf mich zu. Wir umarmten uns kurz, dann trat er zurück. *Wie es sich für einen Kelten geziemt,* dachte ich. Gleich danach ging es weiter mit dem, was nun anstand.

«Bevor wir mit der Zeremonie beginnen können, musst du etwas tun, das eine Art Geheimnis in dieser Göt-terarbeit ist. Wir bezeichnen es als das Theater des Viel-deutigen Verhaltens.»

Kurz zuvor war ich noch so ergriffen gewesen, dass mir die Worte fehlten und ich nur die einfachste aller Ant-worten auf die wundervollste und liebenswürdigste Einla-dung hatte geben können, die je an mich ergangen war. Es war amüsant, wie rasch diese Stimmung verflog und ich zu meinem verwirrten, permanent fragenden Selbst zurück-kehrte. «Vieldeutiges Verhalten?», fragte ich. «Was meinst du damit, Bridge? Warum?»

Er antwortete: «Um dir den Übergang zur bevorste-henden Begegnung zu erleichtern, musst du ganz bewusst

Handlungen und Gedanken ausführen, deren Bedeutung zweideutig ist – zweideutig nicht für mich, sondern für dich selbst, ein Verhalten, das für dich selbst ziemlich unklar ist. Indem du das tust, eröffnet sich ein Raum zwischen zwei Welten, in dem dein normaler, alltäglicher Seinszustand nicht mehr funktioniert, ein neuer Zustand und ein neues Bewusstsein jedoch noch nicht auf dich übertragen worden sind. Lass es uns so ausdrücken: Es ist die Phase des Dazwischen, es ist die Tat, mit der du die Brücke zwischen den Welten baust, wenn du so willst.»

Er lächelte aufmunternd. «Fang an, wenn du bereit bist. Es ist keine Theatervorstellung, also ist es auch nicht nötig, Lampenfieber zu bekommen: vertiefe dich einfach eine Zeitlang in die Vieldeutigkeit und koste die Freiheit aus, welche diese einfache Handlung mit sich bringt.» Damit stand Bridge auf und verließ den Raum.

Es war nicht besonders angenehm, gesagt zu bekommen, dass es keinen Druck gab, denn ich hatte nicht die geringste Vorstellung, was von mir erwartet wurde; und mehr noch, ich musste annehmen, dass das, was folgen sollte, nicht folgen würde, falls ich mich nicht in einen Zustand der Vieldeutigkeit versetzte, wozu mich Bridge aufgefordert hatte. Ich schloss meine Augen und nahm ein paar tiefe Atemzüge, wobei ich mich anstrengte, weder meine Handlungen zu planen noch irgendeine Entscheidung darüber zu treffen, was ich tun würde. Was immer von mir erwartet wurde, es musste spontan und ohne Vorbedacht geschehen.

Zunächst verlegen, fing ich an, auf allen vieren im Raum herumzukrabbeln und an Tischbeinen zu schnüffeln wie ein Hund. Als ich mit der Aufgabe warm wurde, fand ich Spaß daran, mich auf derart unlogische und irrationale Art und Weise zu bewegen. Ich fing an zu lachen, tief aus dem Bauch heraus, und dann sprang ich auf, drehte mich wie ein Feuerrad, tanzte wie eine Marionette an unsichtbaren Fäden. Daraufhin warf ich mich auf den Boden, ließ jegliche Zurückhaltung fahren, zuckte wie in einem Anfall, wälzte mich auf dem Boden und tanzte umher wie ein Kind. Ich war in dem Raum zwischen den Welten, von dem Bridge gesprochen hatte, ich spielte die Rolle des Narren im Theater des Vieldeutigen Verhaltens.

Und dann fühlte ich Bridges Hand auf meiner Schulter. Wann er den Raum wieder betreten hatte, oder was ich in dem Augenblick gerade getan hatte, wusste ich nicht. Sanft drückte er mich wieder auf den Stuhl mit dem Grünen Mann. Zwischen uns fiel kein Wort. Als ich wieder zu Atem kam, begann er schweigend mit Honig die Form einer liegenden Acht auf meine Stirn zu zeichnen und dabei intonierte er auf Gälisch: *Tá na ródannaí meala ag na beach in ins gach aird den sliab* («Die Bienen haben Honigstraßen, die vom Berg aus in jede Kardinalrichtung führen»). Er wiederholte das immer wieder, während er Pollen über meinen Kopf rieseln ließ. Dann nahm er etwas, das einer schmalen, flachen Bratpfanne ähnlich sah und aus schimmerndem Kupfer bestand. Er erklärte mir ruhig, was er gerade tat, mit der Absicht, dass ich es selber lernte und erlebte. «Dies ist deine Trommel, Twig. Jene, die sagen, dass unsere Ahnen hier in diesen Landen in den alten Traditionen keine Trommeln verwendeten, haben einfach an den falschen Orten danach gesucht.»[11]

Er fing an, mit zwei Stöcken, die er in seiner rechten Hand hielt, in einem regelmäßigen Rhythmus auf die metallische Trommel zu schlagen. Wie ich noch lernen sollte, ist diese Technik als *Tanging* bekannt. Es bedeutet, ein Stück Metall so zu schlagen, dass Bienen auf den Klang reagieren und sie sich davon leicht bändigen lassen. *Tanging* wird von modernen Imkern als Aberglaube abgetan, aber aus der Sicht eines Schamanen hat es genau dieselbe Funktion wie die Schamanentrommel, die in einem monotonen Rhythmus von vier bis sieben Schlägen pro Sekunde gespielt wird. Es versetzt den Schamanen in eine Trance, die als schamanischer Bewusstseinszustand bekannt ist, und in diesem Zustand verrichtet der Bienenschamane seine Arbeit. Neuere Studien[12] haben ergeben, dass das schamanische Trommeln Veränderungen im Zentralnervensystem hervorruft und die Erzeugung von Gehirnwellen im Alpha- und Thetabereich begünstigt, was mit Kreativität, lebhafter Vorstellungsgabe und ekstatischen Zuständen einhergeht. Tatsächlich kann schamanisches Trommeln das Wohlbefinden und die Immunreaktion positiv beeinflussen. Der gleichbleibende Rhythmus der Trommel ist der Kanal, durch den die Schamanen in andere Welten reisen. Sie tun es mithilfe des schamanischen «Fluges der Ekstase» – ein Begriff, der speziell für den Bienenschamanen geprägt worden sein könnte! In Sibirien ist die Trommel als das Pferd des Schamanen bekannt; am oberen Amazonaslauf gilt die Trommel als Geisterkanu, in dem der Schamane in das unsichtbare Land reist. Der Bienenschamane kennt dieses Werkzeug als *Quoit* und seinen Klang als *Tanging*.[13]

Bridge nannte einen weiteren Grund dafür, dass das *Tanging* in diesem frühen Stadium der Zeremonie eingesetzt wurde: «Stell dir vor, wir hätten mehrere altmodische Uhren mit Pendeln. Lass sie uns an einer Wand aufhängen und ihre Pendel so ausrichten, dass sie sich gegenläufig zum Rhythmus der anderen bewegen. Innerhalb von ein oder zwei Tagen würden wir entdecken, dass alle Pendel synchron schlagen, als seien sie miteinander verbunden. Je mehr Uhren, desto stabiler sind sie als Einheit und desto schwerer sind sie auch zu stören. Sollte eine Uhr launisch aus dem Rhythmus geraten, würde sie sehr schnell wieder auf Kurs zurückgeholt. Also, Twig, das *Tanging* wird dich in den gleichen Rhythmus bringen wie jene anderen, die auf dem Pfad des Pollens sind, es wird dir helfen, dass du Zugang zum Bienenstock bekommst.»

Bridge ließ seinen Gesang in jenen übergehen, den er verwendete, wenn er sich um die Bienenstöcke kümmerte: ein tiefes Brummen, durchsetzt von gelegentlichen Pfiffen und markanten Klicklauten. Ich schaute zu ihm auf und beobachtete, wie er seinen Gesang bewusst kontrollierte, indem er zuerst die Oberlippe, dann die Unterlippe, dann beide gemeinsam bewegte, die ganze Zeit in Zirkularatmung, wobei er durch die Nase einatmete und durch den Mund aus.

Der seltsame Klang erfüllte den Raum, bis er dem Summen eines Bienenstocks ähnelte. Die Wendung «Frage die wilde Biene, was die Druiden wussten» schoss mir in den Sinn, und mir kam der Gedanke, dass das nicht nur Summen war. Es war eher eine seit Jahrhunderten gesammelte Weisheit, die dem Bienenstock von Bienenschamanen zugeflüstert worden war und die nun laut von diesem Mann in der Sprache der Bienen vorgetragen wurde. Irgendeine Art von Information wurde direkt an mein Gehirn übermittelt. Ich war zu einem Medium für dieses Wissen geworden, doch ich wusste nicht, welche Art von Botschaft auf diese Weise an mich weitergeleitet wurde. Innerhalb des Klangs waren keine bestimmten Worte auszumachen, doch auf einer Ebene *kannte* mein Körper die kostbaren Geheimnisse einfach, die ihm übermittelt wurden und die mein Geist ergänzte. Bilder, Gedichte, Schnappschüsse aus der Geschichte der Menschheit, Szenen aus zukünftigen Welten zogen in Bewusstseinsschnipseln durch meinen Geist, wie Wolken vor dem Mond. Das *Tanging* und das Singen gingen noch eine Zeitlang weiter – etwa dreißig Minuten, oder vielleicht auch eine Stunde.

Ich fühlte, wie mein Körper wärmer wurde und mein Herz zu rasen begann. Der Raum um mich herum verdunkelte sich, bis nur noch die Augen des Bienenmeisters sichtbar waren. Sie schienen größer und dunkler geworden zu sein, irgendwie verändert. Es war, als hätte ich jene Augen schon früher gesehen, vor langer, langer Zeit, auch wenn ich mich nicht daran erinnern konnte, wo.

Ich versuchte angestrengt, mich zu konzentrieren, mich an meinem Verstand festzuhalten. Ich wollte beobachten, in Frage stellen, aufzeichnen, was gerade geschah, um dessen Wirkung zu analysieren und die Methode zu verstehen. Aber es war zwecklos. Mein Körper war wie betäubt, ich fühlte mich wie gelähmt und mein Verstand war vollkommen überlastet. Ich wurde mit Sinneseindrücken überschwemmt und fühlte noch, wie ich rückwärts in eine Welt aus Chaos und Träumen fiel. Auf seine Einladung hin hatte ich mich in den dunklen Wald gewagt, den Bridge bewohnte und der voller Basilisken und Schatten war. Jetzt wusste ich, dass es nur einen Weg hindurch gab: direkt geradeaus.

Das *Tanging* hörte auf, aber das Schweigen, das nun folgte, war voller Töne und Klangbewegungen. Das Glas mit den Bienen wurde geöffnet. Bridge fasste hinein und holte eine einzelne Biene heraus. Er hielt sie am Vorderleib und brachte sie in meine Nähe, und ich wurde seitlich in den Hals gestochen. Während ich vor Schmerz zusammenzuckte und Tränen über mein Gesicht strömten, wurden zwei weitere Bienen aus dem Glas geholt. Ich wurde an der anderen Seite meines Halses und an der Stelle oben auf meinem Kopf – in mein Traumrad – gestochen und empfing das Heilige Gift. Eine vierte Biene wurde entnommen und sanft vom Bienenmeister gehalten. Langsam führte er die Biene zur Mitte meines Gesichts, direkt zwischen meine Augenbrauen, während der tiefe harmonische Klang des Summens immer stärker und eindringlicher wurde.

Ich konzentrierte mich weiter auf Bridges Augen, die sich noch mehr verdunkelt hatten. Mit einem Mal erinnerte ich mich. Seine Augen waren jene, die mir damals kurz in den Heilträumen eines sterbenden Kindes erschienen waren. Plötzlich *wusste* ich, dass meine Kindheitserfahrung mit dem Herrn Professor ein Vorzeichen, eine Vorausahnung dieses Moments, gewesen war und dass all meine Erfahrungen mich zu diesem Punkt hingeführt hatten. Ich war von Anfang an von den Bienen gerufen worden. Gerade als dieser Gedanke in mir aufstieg, war Bridge unmittelbar vor mir und hielt die Biene an die Stelle zwischen meinen Augen. Ich fühlte einen dumpfen Stich und verlor das Bewusstsein.

Alles begann mit einer Vibration und einem langsamen Tanz goldener Lichter. Ich trieb auf einem Meer aus Elektrizität, tanzte und bewegte mich durch dicke Vorhänge aus unvorstellbar schönen Flammen, die mich nicht verbrannten, sondern mich zu reinigen schienen. Ich bewegte mich in unterschiedliche Bewusstseinsebenen hinein und aus ihnen wieder heraus und begann, die Umrisse menschlicher Wesen auszumachen, die Gestalten von Frauen.

Ich erfasste, dass ich von sechs Frauen umgeben war, von denen ich wusste, dass sie Bienen waren – oder waren es sechs Bienen, von denen ich wusste, dass sie Frauen waren? Ich war nackt, und ich fühlte mich wie ein Baby. Ich vertraute ihnen, als sie sich vorwärtsbewegten und mich ableckten, mit Bienenzungen, nicht mit den Zungen von Frauen, mit Bienenzungen, die sie ausstreckten und wieder zurückzogen. Mit jedem Lecken veränderte ich mich, ich wurde von ihren Zungen in einen tiefer liegenden Bereich massiert. Es schien, als vergingen Tage und Nächte, verbunden durch Flüsse aus Honig. Entfernt hörte ich Worte – «Mann in Veränderung, Mann in Veränderung» – und ich schaute auf in Bridges Augen, in die riesigen, aus vielen Facetten zusammengesetzten Augen einer Biene. Seine Lippen formten seltsame bienenähnliche Laute, die zu Wind wurden, dann zu einem langgezogenen kreischenden Pfiff, während ein Strom von Gesichtern und Linien an mir vorbeirauschte.

Alles fiel und strömte gleichzeitig unglaublich schnell vorwärts, wurde zu Landschaften, zu Kieselsteinen, zu Gletschern, bedeckt mit schwarzem Eis, gespenstischen Felsklippen und Ozeanen aus gärendem Honig, ein endloser Ausstoß von Farben, Rhythmen und Formen. Weitere Linien blitzten plötzlich vor mir auf, überschnitten sich wie Flüsse, die ineinanderflossen, endlose Verzweigungen, Glyphen, und geschwollene Symbole, die sich vor mir paarten. Die Sprache war zerstört, nur Melodien und Schwingungen waren noch übrig geblieben, es gab nichts mehr, woran ich mich hätte festhalten können.

Ich wollte mich erbrechen. Es würde gleich so weit sein. Ich konnte es fühlen: Mir wurde schlecht. Ich versuchte aufzuspringen und stolperte, übergab mich, holte mich selbst mit einem einzigen schmerzhaften Erbrechen zu vollem Bewusstsein zurück. Gott sei Dank war es vorüber. Ich wollte so schnell wie möglich weg, um alles zu verstehen und mich zu erholen. Es war stockdunkel, und ich konnte überhaupt nichts sehen. Ich fühlte mich, als hätte ich einen großen Brand oder ein Erdbeben miterlebt, was an mir intakt geblieben war, war das unmittelbar Lebensnotwendige. Und dann begann sich die Leere in mir, das Loch, zu dem ich geworden war, wieder zu füllen. Womit genau, das wusste ich nicht, aber ich klammerte mich daran fest wie ein durstiger Mann, dem nach einer langen Zeit der Dürre Wasser angeboten wird.

Das Summen war nun leiser, es ging in sanftes Murmeln über, und der Raum um mich herum schien mir wieder einmal fremd. Das war nicht der Raum, in dem ich gesessen hatte. Tatsächlich ähnelte er überhaupt keinem Raum, in dem ich jemals zuvor gewesen war. Er war so klein, dass ich mich kaum bewegen konnte, und er roch auch anders. Ich nahm an, dass Bridge mich in einen anderen Raum gebracht hatte, als ich ohnmächtig geworden war. Kaum war dieser Gedanke in mir aufgestiegen, da verlor ich erneut das Bewusstsein.

Die Sonne, die schräg durch den langen, engen Eingang des Bienenstocks schien, zeigte an, dass es weit nach Mittag war. Ich sammelte mich einen Augenblick lang und sah mich dann im Raum um. Ich versuchte, mich in dieser neuen Umgebung zu orientieren. Hunderte und Aberhunderte von sechseckigen Wachszellen umgaben mich in außerordentlich feiner Ausführung. Die Rückwand jeder Zelle wies in dieselbe Richtung und war mit einer anderen verbunden, die in die entgegengesetzte Richtung wies. Alle offenen Enden zeigten leicht aufwärts, jede von ihnen enthielt, wie mir mit wachsendem Schrecken bewusst wurde, das allerkostbarste Gut: Nektar, die Seele der Blumen. Jede dieser Zellen war von Zungen und Füßen der Bienen geformt worden, jede dünne Schicht aus Wachs war geleckt und an den richtigen Platz getreten worden, kaum dass das Wachs aus dem Unterleib der Biene hervorgetreten war.

Etwas in mir wusste, dass ich im Bienenstock selbst war, und ich war entsetzt. Ich wusste ganz sicher, dass ich entdeckt und zu Tode gestochen werden würde, ein fremder Eindringling, von gigantischen Bienen angegriffen, mit riesigen Stacheln so tödlich wie Säbel. In panischer Angst sah ich mich um, in Erwartung dieses Augenblicks, ihn voraussehend und gleichzeitig fürchtend. In ihren Zellen geschützt, umgaben mich Larven, der sich entwickelnde Nachwuchs, von dem die Zukunft der Kolonie abhing. Seitlich von mir und direkt über mir spannte sich ein Regenbogen aus Zellen, in dem klitzekleine Pollenkörner aufgehängt waren, in Reichweite der Ammen, die später die heranwachsende Brut damit füttern würden.

Ich befand mich im Herz des Bienenstocks, in der Kinderstube, dem empfindlichsten und bestgehüteten Teil, wo es Eier, Larven und die noch nicht ausgeschlüpfte Brut in verschiedenen Wachstumsstadien gab. Es war ein Wunder, dass ich nicht schon tot war. Und dann wusste ich, warum.

Es lässt sich schwer sagen, was mich stärker erschrecken ließ: die Tatsache, dass ich überhaupt hier war, und damit verbunden die Gewissheit, dass ich auf die brutalste und furchterregendste Weise, die ich mir nur vorstellen konnte, getötet werden würde, oder diese neue Erkenntnis, die mich nun durchfuhr. Der Grund dafür, dass ich nicht getötet worden war, lag darin, dass ich kein fremder Eindringling war; ich selbst war eine *Apis Mellifera*, eine männliche Drohne, umgeben von 40 000 weiblichen Arbeiterinnen, und irgendwo war auch die Königin, unsere Herrscherin.

Ich weiß nicht, wie lange mein Erschrecken anhielt. Aber ich fühlte es schwinden, als meine eigene Menschlichkeit, mein Gefühl dafür, was es bedeutet, ein menschliches Wesen zu sein, abzunehmen begann und sich auflöste. So wurde ich eins mit dieser neuen Domäne und mit dem Wissen um meinen Anteil, meine Aufgabe hier. Ich war kein Mensch mehr, sondern Teil einer anderen Gattung. Ich hatte eine Pflicht zu erfüllen, wie jeder Teil von uns hier in dieser Kathedrale. Die Zeit, endlos und durch nichts unterbrochen, verlor ihre lineare Bewegung, Tage und Nächte gingen unmittelbar ineinander über und auseinander hervor. Vielleicht dauerte die gesamte Erfahrung nur Minuten, aber außerhalb der normalen Realität, wo es keine Uhren gibt, verging ein ganzes Leben.

Ich hörte ein Rascheln hinter mir und wusste – ich *wusste* ganz einfach –, was gerade geschah: Die neue Königin war dabei, ihren einzigen Ausflug aus dem Bienenstock zu unternehmen. Es war ihr Hochzeitsflug, und den würde sie mit einer einzigen Absicht tun: um sich zu paaren.

Für die Drohnen war das der wichtigste Moment, der Höhepunkt all dessen, wofür wir gelebt hatten. Seit der Geburt hatten wir im Bienenstock herumgehangen und nur wenig mehr getan, als in Honig und Pollen zu schwelgen, toleriert von den weiblichen Arbeiterinnen, die fleißig weiter ihrer Aufgabe nachgingen. Was die anderen nicht wussten, war, dass wir gewaltsam aus dem Stock entfernt werden würden, sobald die Begegnung mit der Königin vollzogen war – oder wir würden zu Tode gestochen werden, falls wir uns weigerten, den Stock zu verlassen. Unsere Arbeit wäre dann vollbracht, und wir hätten an diesem Ort keine Funktion mehr. Nach Erfüllung unserer Pflicht würden wir unser Leben in Kälte und Hunger beschließen.

Die jungfräuliche Königin war gut genährt worden, aber sie musste erst noch die Wärme der Sonne auf sich fühlen, dann bereitete sie sich auf das Wagnis des Fluges vor. Sie näherte sich dem Eingang des Bienenstocks, und wir folgten ihr, wobei wir alles auf ihrem Weg mit Augen inspizierten, die sowohl nach vor- als auch rückwärts sahen, um unsere Regentin zu schützen und sicherzustellen, dass ihre heilige Aufgabe erfüllt werden würde.

Sie spreizte ihre Flügel und erhob sich, wobei sie jede kleine Einzelheit wahrnahm, die das Äußere ihrer Burg markierte. Sie gewann an Höhe, während sie immer weitere Kreise beschrieb, und sie prägte sich die Gegebenheiten ein, bis ihr jedes Detail vertraut war. Wir, ihre loyalen Drohnen, befanden uns auch in der Luft und beobachteten die schüchternen Bewegungen unserer jungfräulichen Königin. Unser Summen übertönte alles andere, und bald zog es ihre Aufmerksamkeit auf sich. Sie vergrößerte die Kreise ihres Fluges und zog über uns hinweg, prüfend, lockend, sie drängte uns, ihr zu folgen, und plötzlich waren wir auf Verfolgungsjagd.

Ich fühlte mich so lebendig, so frei, war ein leidenschaftliches Bienenkind, das es wagte, die Königin anzusehen, das es wagte, mehr zu fordern. Ich begehrte sie mehr, als ich irgendetwas anderes jemals zuvor begehrt hatte. Ich wurde von diesem Feuer in meinem Bauch angetrieben, von dem Verlangen, mich zu paaren, und ich war bereit, zu kämpfen und zu sterben, für das Privileg der Paarung, der Vereinigung, der Verschmelzung mit der Königin und dafür, sie mit dem Geschenk meines eigenen Samens und meines Lebens zu befruchten. Ich war die stärkste, tapferste, schnellste Drohne, und ich verdiente es.

Ich flog zu ihr, bereit, jeden zu zerstören, der sich mir in den Weg stellte. Ich war urwüchsig, drängend, brutal, besessen. Und plötzlich war ich bei ihr. Ich wusste, dass auf meine Ekstase der Tod folgen würde, aber das kümmerte mich nicht. Hierfür war ich geboren worden, um zu kämpfen, mich zu beweisen, der Beste zu sein, um diese Welt zwar zu verlassen, aber in den Kindern weiterzuleben, die ich hinterlassen würde und die von königlicher Abstammung sein würden. Ich umklammerte die Königin, verband mich untrennbar mit ihr und lieferte mich ihr aus – in blinder rasender Leidenschaft.

In dem Moment als ich starb – mein Unterleib explodierte in schmerz-verzückter Ekstase –, wurde ich neugeboren. Ich kam zu mir und nahm wieder menschliche Gestalt an. Ich rang nach Atem, hustete heftig, in kaltem Schweiß gebadet, und ich schnappte gierig nach Sauerstoff, als sei ich knapp dem Tod durch Ertrinken oder Ersticken entkommen, unfähig, schnell genug einzuatmen, um die Gier meiner Lungen zu befriedigen. Und dann begann ich zu weinen, zu heulen, als wäre ich ein verlassenes Baby, neugeboren in eine fremdartige Welt – ein grausamer Moment der Individuation aus dem Verbundensein mit dem einen Organismus, der zu meinem Zuhause, zu meinem Herzen, zu meinem Bienenstock geworden war.

Bridge zog mich an sich und hielt mich umklammert. «Erinnere dich, wer du bist! Erinnere dich, wer du bist!», bellte er und schüttelte mich an den Armen. «Du bist Twig», sagte er, immer noch nachdrücklich, nun aber sanfter, da er die Erinnerung in meinem Gesicht aufflackern sah. «Du bist Twig», wiederholte er. «Twig ist der kleine Ast am großen Baum, und dieser große Baum ist der Pfad des Pollens. Du bist im Stock willkommen geheißen worden, so wie ich dich nun zurück in menschlichen Armen willkommen heiße.»

4

Der Pfad des Pollens

«Sanftmütig und auf gefahrvollem Pfad
Zog der Gerechte einst seinen Weg
Am Tal des Todes entlang.
Rosen stehen, wo Dornen wachsen,
Und über verdorrter Heide
Singen die Honigbienen.»
WILLIAM BLAKE: DIE HOCHZEIT VON HIMMEL UND HÖLLE

Ich war in ziemlich schlechter Verfassung, unablässig und scheinbar ohne jede Kontrolle trieb ich von einer Welt zur nächsten, wobei ich die ungewissen und sich fortwährend verändernden Grenzen der Psychose streifte. Meine einzige bewusste Erinnerung aus dieser Zeit war ein Alptraum im Wachzustand, in dem ich mir einbildete, dass ich ein Hornissennest aufgescheucht hatte und nun völlig schutzlos Tausenden von aufgebrachten Hornissen ausgeliefert war. Eine Legion von Stacheln wurde in mein Gesicht versenkt, Hunderte von kleinen Widerhaken, ausgestattet mit einem heimtückischen Eigenleben, zuckten und wanden sich in meiner Haut. Und ja, es tat weh, aufwärts, abwärts, in jedem Winkel meiner Welt.

Der Bienenmeister setzte mich schließlich in etwas, das einem überdimensionierten, sechseckigen Hundekorb glich, und warf eine Decke über mich. Ich rollte mich ganz klein zusammen. Mein Instinkt sagte mir, dass diese Kammer mir ein sicheres Lager bot, und wenigstens einen Moment lang fühlte ich, wie die Schatten des Wahnsinns schwächer wurden und sich aufzulösen begannen. Allmählich fiel ich in einen traumlosen Schlummer hinüber, der viele Tage und Nächte andauern sollte. Ein Fetzen von einem Gedicht von Dylan Thomas kam mir in den Sinn, als ich unsicher hinab in Morpheus' Arme glitt: «Als mein Gefährte küsste mein Hirn der Schlaf ... Ich floh die Erde, bloß, erklomm das Wetter ...»

Die Erfahrung, in den Pfad des Pollens eingeweiht zu werden – und somit in den Bienenstock selbst –, hatte die Fundamente meiner Identität zutiefst erschüttert. Als ich benommen aus der Verwilderung des Schlafes auftauchte, fragte ich mich, ob ich jemals meine alte Welt mit dem in Einklang würde bringen können, was ich erfahren hatte. Die Erfahrung meiner Initiation hatte ein ganz besonderes Prisma geschaffen, durch das ich von nun an prüfend auf mein altes Leben schauen würde, und mit der Zeit würde dieser neue Blick auf die Welt zu seinem persönlichen Ausdruck finden. Ich war aus dem gewohnten Gang des Lebens herausgesprengt worden, nun bewegte ich mich auf neuen Umlaufbahnen um neue Sonnen.

Doch während ich zusammengerollt im sechseckigen Weidenschoß lag, sehnte ich mich danach – ungeachtet des Aufruhrs, den die Erfahrung mit sich gebracht hatte –, wieder im Bienenstock aufzuwachen und mit dessen Geist zu verschmelzen. Mein entfremdeter, eingesperrter Geist betrauerte die Trennung vom Bienenstock. Die Eintönigkeit dieser schmerzhaften Trauer sammelte sich um mich wie giftiger Nebel. Manchmal erwachte ich mit heftig zitterndem Körper und Gefühlen zwischen vernichtender Traurigkeit und unkontrollierbarer Ekstase, begleitet von Wellen sengender Hitze, die meine Haut dort reizte, wo die Bienenstiche auf meinen Körper gesetzt worden waren. Ich kratzte mich dann, bis ich Blut statt Schweiß auf meinen Fingerspitzen fühlte.

Gelegentlich geriet ich in einen halb komatösen visionären Zustand, in dem farbige Kreise aus Zitrin, Rostrot und Malve vor meinen Augen aufbrandeten, die sich konzentrisch in einem endlosen, mich seekrank machenden

Rhythmus drehten. Das hartnäckige harmonische Summen zahlloser Bienen verwandelte meinen Schädel in einen Bienenstock. Mein Körper zuckte unwillkürlich, so als würde ich von unsichtbaren Schnüren gezogen, die von meinem Bauch ausgingen, und ich wusste, dass diese Schnüre mit den Bienenstöcken und deren Bewohnerinnen verbunden waren. Die Bienen riefen mich, sie winkten mir zu, zogen an mir, umschmeichelten und verführten mich. Große, schwarz schimmernde Nattern entrollten sich in der Dunkelheit, das Haar auf meinem Kopf verwandelte sich in zusammengerollte Schlangen, die mich mit ihren Schwänzen peitschten. Nachdem ich eine Weile in diesem Delirium verbracht hatte, fiel ich zum Klang meines eigenen keuchenden Atems in bodenlosen Schlaf. Selbst im Schlummer fühlte ich mich wie ein Gewehr, gespannt und wachsam, zum Angriff bereit; ich knirschte mit den Zähnen und spannte den Kiefer.

Stunde um Stunde, Nacht um Nacht, Alptraum um Alptraum setzte sich dieser anstrengende Prozess fort. Während ich kaum noch wusste, wo ich war, und ich mir auch nicht mehr sicher war, wer ich überhaupt war, während sich meine Welt verdunkelte und die Schatten wuchsen, fühlte ich schließlich zu meiner Erleichterung die Hand des Bienenmeisters auf meinem Kopf. Mein Körper lockerte und entspannte sich unter seiner besänftigenden Berührung, wo ich zuvor in die Umklammerung des Schattenreiches gesunken war, wurde ich nun zu einer Vision befreit, die all meine Sinne ansprach. Ich war im Wienerwald, und in dem Wald war eine Lichtung, und auf der Lichtung stand eine Hütte, und in der Hütte war der Herr Professor, und in dem Herrn Professor war der Bienenstock, und in dem Bienenstock war das Kind. Als Kind vernahm ich das Schlaflied der Ruhe.

Ab und zu roch ich Spuren von Honig, der auf meine Stirn getupft worden war, und dieser zarte Duft brachte mich dazu, aus meinem Miniatur-*Temenos* aufzutauchen. Im Halbdunkel entdeckte ich einen Krug mit kühlem

Quellwasser aus dem Obstgarten, der für mich bereitgestellt worden war, mit einem kleinen Haufen von frischem Pollen. Ich trank und aß, ehe ich in die Sicherheit meiner Zelle aus Hasel und Weide zurückkroch.

Daraus wurde eine Gewohnheit. Diese bestand darin, im Zwielicht aus dem Schlaf zu erwachen und aufzustehen, um zu essen und zu trinken, was für mich dagelassen worden war – ein paar Tage lang nichts weiter als Wasser und Pollen, manchmal ergänzt durch etwas Honig in einer Wabe und ein wenig Milch; meist jedoch grüßte mich die Einfachheit von Wasser und Pollen. Gesättigt pflegte ich dann in meinen Behälter zurückzuschlüpfen und zu träumen. Ich träumte mich in das hinein, was ich sein könnte, und träumte mich aus dem hinaus, was ich gewesen war und was sich für mich, so wie ich nun war, wie ein steinernes Fossil anfühlte.

Und eines Abends – war es Abend oder Morgen? – fand sich die melodische, beruhigende Stimme des Bienenmeisters ein, der mir das übermittelte, was (wie ich in meinem schwachen und verwirrten Zustand wusste) den frisch Initiierten zu allen Zeiten übermittelt worden war. Ich nahm all meinen Verstand zusammen, um seine Worte zu behalten, so wie ich zu einem Behälter des Pfades geformt wurde, als ich zwischen den Welten hin- und hertrieb. Die ersten Worte des Bienenmeisters kamen in der Form einer präzisen Anweisung: «*Der Bienenmeister kennt* den Bienenpollen als die Goldenen Münzen, und er weiß, dass der Pollen auch so behandelt werden muss – als ein äußerst kostbares Geschenk der Natur, das mit großer Ehrfurcht anzuwenden ist. Wenn du deine nächste Mahlzeit aus Bienenpollen zu dir nimmst, so lass die Körner sich auf deiner Zunge auflösen und achte dabei genau auf deine Erfahrungen.»

Beim nächsten Ausflug aus meiner geflochtenen Zelle tat ich, wie mir aufgetragen worden war. Ich ließ die Goldenen Münzen langsam und bedächtig im Mund zergehen. Als sich der Pollen aufzulösen begann, nahm ich sehr deutlich alle fünf Hauptgeschmacksrichtungen wahr: die Süße des Honigs, die Schärfe von Ingwer, den Geschmack von Meersalz, die Säure von Joghurt und die Bitterkeit von Hopfen.

Es mochten ein Tag und eine Nacht vergangen sein, als der Bienenmeister zurückkehrte und seine Übermittlung nahtlos fortsetzte: «*Der Bienenmeister weiß*, dass du durch die Aufnahme der Goldenen Münzen sämtliche fünf Hauptgeschmacksrichtungen auf ihrer je eigenen Ebene wahrgenommen hast. Das allein bestätigt schon die umfassende Wirkung des Pollens aus energetischer Perspektive, denn jeder Geschmack bringt bestimmte physiologische Eigenschaften in dir zur Geltung.»

«*Der Bienenmeister weiß*, dass Pollen das allerfeinste Nahrungs- und Ergänzungsmittel ist; tatsächlich ist Pollen eines der vollkommensten und einzigartigsten Nahrungsmittel in der gesamten Natur. Unsere Bienen suchen nur den Pollen mit der höchsten Qualität aus. Wir verwenden ihn gegen Mangelzustände und vorbeugend als Medizin. Pollen ist das großartigste Verjüngungsmittel der Welt und gilt als Elixier der Langlebigkeit. Unsere Ahnen kannten es als Ambrosia. Tatsächlich wurde es immer als etwas angesehen, das auch für die Götter gut genug ist. Die Goldenen Münzen sind eine Wundernahrung, sie sind unser Kaviar, unser lebenspendender Blütenstaub. Und weil sie eine bedeutende Rolle dabei spielen, die Aufmerksamkeit zu stärken, geistige Erschöpfung zu beheben, das Erinnerungsvermögen zu steigern und die Konzentrationsfähigkeit zu schärfen, ist diese Schatzkammer der Regeneration zurzeit unsere wichtigste Kost.»

Während Bridge sprach, stieg eine Erinnerung aus meiner Teenagerzeit auf. Der berühmte Boxer Muhammad Ali hatte erzählt, wie ihm die Einnahme von Bienenpollen dabei half, «zu schweben wie ein Schmetterling und zu stechen wie eine Biene», und er so seinen Titel als Schwergewichts-Meister verteidigte. Bridge behauptete weiter kategorisch, dass Bienenpollen und Wasser genügten, um sich am Leben zu erhalten, und dass die Biene ohne Pollen kein Gift herzustellen vermöge.

Bei meiner nächsten Mahlzeit untersuchte ich sorgsam die kleinen Körner, die in allen Regenbogenfarben zu schimmern schienen, und ich dachte darüber nach, wie viel Arbeit es gekostet haben musste, sie zu sammeln: Aus Abertausenden von Wildblumen, Kräutern, Sträuchern und Bäumen waren sie von Bienen zusammengetragen worden, und häufig trug eine Biene so viel Pollen zum Stock, wie sie selbst wog.

Die Übermittlung des Wissens war damit noch nicht abgeschlossen. Bridge fuhr fort: «Jene, die auf dem Pfad des Pollens wandeln, haben schon immer um die wunderbare Synergie gewusst, die bei der Herstellung des Pollens zwischen Blume und Biene besteht. Tatsächlich wird weltweit kein anderer Pflanzenextrakt auf diese Weise hergestellt. Wenn wir den Pollen als Heilmittel betrachten, dann können wir leicht erkennen, warum er als das wahre Ambrosia galt, denn schon der flüchtigste Blick auf die Wirkungsweise des Pollens macht deutlich, dass er die Antwort der Natur auf nahezu jede bekannte Krankheit ist. Von allen Kräutermitteln verfügt Pollen über das weiteste Spektrum von Wirkungen und Anwendungsmöglichkeiten. Kein einziges Organ, kein System oder Gewebe bleibt von seiner Wirkung unbeeinflusst. Seine Wirkung ist umfassend, er ist *die* Lebensquelle; und er weist uns einen Pfad zum Zentrum. Als Substanz von derartiger Güte wird Pollen entsprechend verehrt.»

«Abgesehen davon, dass Pollen mehr chemische Bestandteile besitzt als die meisten anderen natürlichen Heilmittel – insgesamt sind es zweiundzwanzig, also so viele, wie es Buchstaben im ursprünglichen hebräischen Alphabet gibt –, gibt es einen bisher unbekannten und daher nicht anerkannten Bestandteil, der eine lebenswichtige Rolle bei der Gesamtheilwirkung des Pollens spielt. Hör gut zu, Twig: Die Blume ist die *Geliebte* der Biene, und die Biene kommt lustvoll und pollen-bemäntelt zu ihr. Sie empfängt sie als Braut mit offenen Armen, es ist ein köstlich duftender Liebesakt. Wovon die Biene am meisten profitiert, ist, dass sie ihre Nahrung aus genau jenen Pflanzenteilen bezieht, die von der sexuellen Energie der Pflanze erfüllt sind. Die Biene saugt und sammelt diese Nahrung, den Pollen und den Nektar, sie saugt und sammelt sie von genau den Teilen der Pflanze, die mit sexueller Kraft durchdrungen sind, von ihren Fortpflanzungsorganen, und so trägt die Biene die sexuelle Kraft der Pflanzen aus einem sichtbaren Antlitz des Geistes in den Bienenstock. Wir kennen diese Kraft als Vitamin P. Vitamin P ist die *Vita* – Lateinisch für das *Leben* – von Pan; es ist Vitamin Pan.»

Er sprach diese beiden Worte – *Vitamin Pan* – mit solcher Wucht, dass mein Körper mit einem kurzen Schaudern reagierte. Mit diesen beiden Worten beendete er seinen Vortrag und ich versank in Nachdenken darüber, wie Pan – Europas gehörnter Hirschgott – mit Honig, Pollen, Bienen und sexueller Kraft in Verbindung gebracht werden könnte. Die Wissensübermittlung war für heute abgeschlossen und Bridge – falls er überhaupt noch im Raum war – schwieg still wie ein Schatten. Ich rekapitulierte die Lektion mehrere Male, Wort für Wort, bis ich wusste, dass sie ganz und gar in meinem Körper verankert war. Dann hüllte mich die Erschöpfung ein, und ich fühlte mich einmal mehr zurück in tiefen Schlaf gezogen.

Das allumfassende Zwielicht meines Klosterlebens in der Zelle des Einsiedlers dauerte an. Unbemessen verging die Zeit. Und dann drang flüsternd eine Stimme aus einem fernen Land in mein geflochtenes Heim. Es war nicht die Stimme von Bridge, aber genau wie beim Timbre des Bienenmeisters war es eine Stimme mit klarer und eindeutiger Autorität. Es war wohl die ungewöhnlichste Stimme, die mein Ohr je vernommen hatte, denn sie drückte sich genauso sehr in Tongebilden, Seufzern, Modulationen und Gemurmel aus wie in Worten. Es war die Stimme einer Frau.

Ich
glaube
nicht an Gott,
weil ich ihn niemals
gesehen habe. Wenn er
wollte, dass ich an ihn glaube,
dann würde er sicherlich kommen
und mit mir sprechen. Er würde durch meine
Tür kommen und sagen: «Hier bin ich!» Aber wenn
Gott der Bienenstock ist und die Honigbiene und Pollen
und Nektar und Sonne und Mond, dann glaube ich an sie
und glaube an sie in jedem einzelnen Moment, und mein
Leben ist ein Gebet und eine Feier und eine Kommunion
mit den Augen und durch die Ohren. Ich ehre sie, indem
ich spontan lebe, als eine Frau, die ihre Augen öffnet
und wahrhaft sieht, und ich nenne sie den Bienen-
stock und die Honigbiene und den Pollen und
die Sonne und den Mond, und ich liebe
sie, ohne an sie zu denken, und
ich denke an sie, indem ich
sehe und höre, und
ich bin mit ihr,
ich.[14]

Die Stimme fuhr fort:

«So kann ich verstehen, wie Blume und Biene lang-
sam, entweder gleichzeitig oder nacheinander auf äußerst
vollkommene Weise bei ständiger Erhaltung sämtlicher
Individuen, die untereinander leichte Abwandlungen in
ihrer Struktur zeigen, füreinander von Vorteil wurden.»
Dies, Initiand, sind die Worte von Charles Darwin, der
den Rand einer umfassenden Wahrheit berührte: Dass
nämlich in Leben und Werk unserer ältesten Verbündeten
ausgezeichnete mathematische Präzision zum Ausdruck
kommt und dass bei der einheitlichen Konstruktion der

lichtdurchlässigen hexagonalen Zellen exakte Geometrie eingesetzt wird, und zwar, wie du selbst bezeugen kannst, in perfekter Anordnung.

Damit begann durch diese neue Stimme eine Art der Wissensübermittlung, die nicht im Stil des Bienenmeisters geschah, den zu hören eher dem glich, was man von einem der wenigen inspirierten Akademiker einer Alma Mater zu hören bekommt. Stattdessen war dies ein episches Gedicht, das wie das Flüstern des Windes im Röhricht zu mir drang. Die Stimme stellte sich mir selbst als Funktionsträgerin vor, mit einem Titel, der Geheimnis und Verheißung in sich trug.

Die Bienenmeisterin kennt *die Macht der Sechs, das Gebot des Hexagons, das Gefäß der Biene, unser* Hexagramma Mysticum *der süßen sechsseitigen Wabe, eine der genialsten Leistungen des Bienenstockes, ein Zeichen für die herausragende Intelligenz der Honigbiene. Wir wissen, dass diese Form und Anordnung, die wir in jeder Zelle wiederfinden, die effektivste Form in unserem Kosmos ist. Bedenke, welch geometrische Präzision hierzu erforderlich ist, und stell dir – falls du es vermagst, Initiand – irgendeine andere Form oder ein Zellmuster vor, bei denen es zwischen den Bestandteilen keinen Leerraum gibt. Das kannst du nicht, denn eine solche Form gibt es nicht. In unserem* Hexagramma Mysticum *wird der gesamte Raum genutzt, es gibt keine Lücke. Was könnte dir das über deine Gemeinschaft und über die Art und Weise verraten, in der wir zueinander in Beziehung stehen?*

Beim Hexagramma Mysticum *ist die Zahl Sechs sowohl König als auch Königin, es ist die Zahl des erlesenen und vollkommenen Gleichgewichts. Du stehst nun vor einer Verbindung zu einem Wunder der Natur – dem Goldenen Schnitt, der die optimalen Beziehungen zwischen sämtlichen Bestandteilen eines Ganzen, des Bienenstocks, offenbart. Der Goldene Schnitt ermöglicht und fördert das harmonische Wachstum und die Entwicklung aller Lebewesen.*

In der kurzen Pause, die nun folgte, verspürte ich einen Drang, das Hexagon, in dem ich mich befand, abzutasten. Es schien mir ein so natürlicher Platz zu sein, allerdings unter den übernatürlichsten und wunderlichsten Umständen. Ich wurde in einer sechseckigen Weidenkonstruktion gehalten, die ungefähr einen Meter zwanzig hoch war und neunzig Zentimeter im Durchmesser maß, eine besondere Form, die entweder zu einer zusammengerollten, fötusähnlichen Position einlud oder zu einer kauernden Hockstellung mit leicht gebeugtem Kopf. Ich hatte gelernt, mich darin wohlzufühlen, so wie ein Fakir lernt, sich auf einem Nagelbett wohlzufühlen, ein deutliches Unbehagen war einer unerwarteten Dankbarkeit gewichen. Unter mir, auf dem Boden der Konstruktion, war eine dicke Schicht aus mattem gelben Bienenwachs, das nach und nach seine Festigkeit verloren hatte und immer formbarer geworden war, je stärker es sich durch meinen Körper erwärmte. Dadurch hatte sich das Wachs der Form meines Körpers angepasst. Es bildete nun meinen Körper ab, stützte mich und hüllte mich in ein kräftiges wachsartiges Aroma.

Während ich mich ganz sachte in der Zelle der transzendenten Geometrie bewegte und den schwebenden Wortgebilden folgte, die mich darüber aufklärten, welchen Einfluss die äußere Form der Zelle auf einen Organismus hat, erforschte ich mit meinen erfahrungshungrigen Fingerspitzen die Struktur, als läse ich eine alte Handschrift, eine Art Bienen-Braille. Ist das, was ich berühre, außerhalb von mir? Bin ich in ihm oder ist es in mir?

Die Stimme der Schemen und Seufzer kehrte zurück.
    Die Hüterin der Bienen weiß, *dass dieses sechsseitige Muster eine immense Bedeutung hat, die weit über die physische Wirkung hinausreicht. Überall auf der Welt*

und zu allen Zeiten traten sechsseitige Quarzkristalle auf, die eine einzige Spitze bilden. Warum? Weil Kristalle ein Spiegel der Bienenwabe sind. Die Kräfte, mit denen die Erde diese hexagonalen Kristalle hervorbringt, wirken auch in jedem Menschen. Der menschliche Körper ist voller Quarz, in flüssiger Form. Tatsächlich hängt unser Leben als menschliche Wesen davon ab, dass es den Körper fortwährend dazu drängt, sechsseitige Kristalle zu bilden. Unser Planet erschafft sechsseitige Quarzkristalle, die Bienen bauen sechsseitige Waben, und in uns lebt das Bedürfnis nach dieser Form und der in ihr wirkenden Kraft. Die Biene ist das Wesen, welches diesen Bauplan am besten auf andere übertragen kann, da die Biene in der Natur gerade jene Nahrung sammelt, die eben diese hexagonal wirkende Form in unseren Körper zu transportieren vermag, eine Kraft, die sechsseitig wirkt. In einer solchen sechsseitigen Struktur zu sein – wie die, in der du jetzt untergebracht bist – ist deswegen so bedeutsam, weil sie über bestimmte Eigenschaften verfügt, gewisse Kräfte, die auf ganz besondere Weise auf ihren Bewohner wirken, denn dieser nimmt die sechsseitige Form in sich auf und durchdringt sie. Der Grund, warum du in einem sechsseitigen Behälter untergebracht wurdest, liegt darin, dass sich deine Beziehung zur Biene in Zukunft verstärken wird. Die Biene erkennt nun, dass du über genauso viel sechsseitige Wirkkraft verfügst wie sie selbst.

Ich war wieder allein. Meine Finger spürten Kette und Schuss meines sechsseitigen Refugiums nach. In diese Konstruktion waren Kunstfertigkeit und Sorgfalt geflossen, sie war ein Beispiel für die Vermählung von Kunst und Architektur. Ich dachte über die Worte nach, die ich eben vernommen hatte, sann darüber, inwieweit spirituelles Fortkommen oder Stagnation abhängig sind von der Form, und wie die Form kontrolliert werden kann, um Harmonie zu erreichen. Ich fragte mich, ob ich der erste

Bewohner dieses Hexagons war und, falls nicht, welches Schicksal meine Vorgänger ereilt haben mochte. Würde ich wie jener Engländer in der Geschichte *The Man with the Green Weeds* tot aufgefunden werden, der es gewagt hatte, die Wahrheit des Sprichworts zu testen, dass jeder, der eine Nacht in einem bestimmten magischen Stuhl verbringe, bis zum Morgen entweder verrückt, tot oder ein Dichter sei?

Die Zeit verging, und die Stimme der Schemen setzte ihren Vortrag fort.

Die Bienenmeisterin weiß, *dass das geheime Zeichen dieser Tradition die Lemniskate, der* Lemniscus Infinitorum, *ist. Geformt wie eine auf der Seite liegende Acht, wie ein Knoten oder eine Schleife aus einem Band, kennt man die Lemniskate allgemein als Symbol für die Unendlichkeit. Aber, Initiand, sie ist nicht bloß Symbol. Sie hat eine ganz praktische Bedeutung als eine Signatur und als lebendiger Zugang zur Unendlichkeit selbst, erschaffen von Milliarden von Bienen. Es ist der Tanz der Bienen, und wir tanzen diesen Tanz mit ihnen, als ergriffen wir den Schweif eines Kometen, der uns außerhalb der Zeit trägt, in einen Bereich, in dem alles, was je geschehen wird, und alles, das je geschehen ist, gleichzeitig passiert. Wir vom Pfad des Poliens befassen uns mit der Unendlichkeit und bewundern die Kräfte der Abstraktion, die es unseren Vorfahren ermöglichte, das nahezu Undenkbare zu denken, denn nichts anderes geschieht, wenn man die Unendlichkeit annimmt. Aber wir befassen uns nicht mit denselben Fragen wie die Philosophen, mit den Problemen und Kontroversen um die ∞ und damit, ob unendlich große Mengen als mathematische Einheiten überhaupt existieren. Das Symbol gibt uns das Mittel, unendlich zu sein und den Pfad in dieses Ohne-Ende-Sein hinein- und wieder hinauszugehen. Erinnerst du dich daran, dass Hamlet sich selber als «König des unendlichen Raumes» bezeichnet? Damit ist nichts weiter gemeint als bloße Größe, physischer Raum,* was denen, die aus dieser Welt zur nächsten und zur nächsten und zur nächsten reisen, nur wenig bedeutet. Wir befassen uns mit unterschiedlichen Dimensionen der Unendlichkeit, mit einer Vielzahl von Unendlichkeiten, was für uns unendlich faszinierend ist – und die Lemniskate ist eine kognitive Landkarte für die Bereiche, die sich uns offenbaren.

Bedenke zu Beginn deiner Arbeit mit der Lemniskate, dass sie aus je einem Kreis im Uhrzeigersinn und einem im entgegengesetzten Uhrzeigersinn zusammengesetzt ist, einer solaren rechten Seite und einer lunaren linken Seite. Mit anderen Worten: Sie besteht sowohl aus einem rechtshändigen als auch aus einem linkshändigen Pfad. Das sagt dir etwas über das Wesen des Pollenpfades. Wir sind unterwegs auf beiden Pfaden. Es ist auch das Symbol des Zwillings, des Dunklen und des Hellen – und der fruchtbaren Vereinigung von beiden. Die Lemniskate bezeichnet die sexuelle Vereinigung zwischen Männlich und Weiblich, den zweien, die zu einem werden. Sie zeigt auch den Weg an, dem zu folgen sich die innere Energie des Körpers veranlasst sehen mag, um den Flug der Biene einzuleiten, den Tanz der Schlange und in Frauen den Fluss der Nektarströme, die sie mit einer anderen Person oder einem Objekt verbinden – einem Stern oder einem Planeten zum Beispiel. Es ist der Kreislauf der Kraft. Es ist auch das Symbol für die Verbindung zweier Kulturen – die der Menschen und die der Bienen – und für die symbiotische Beziehung, die zwischen ihnen bestehen kann. Beachte, dass keiner dieser Kreise höher steht als der andere, was auf Gleichheit innerhalb der Beziehung weist und zu tiefreichenden Erkenntnissen über das Wesen des Unendlichen führt. Die Lemniskate ist der Zugang, den wir verwenden, um Weisheit vom Bienenstock zu empfangen, durch sie übermitteln wir umgekehrt unsere Kenntnisse dem Bienenstock, indem wir die Bienen befragen und indem wir ihnen etwas berichten – ein unablässiges Einströmen und Ausströmen, ein ununterbrochenes Flie-

ßen von Weisheit. Es ist der Weltenbaum, an dem wir auf-
und absteigen, auf dem wir zu anderen Welten segeln. Es
ist ein Tanz derer auf dem Pfad des Pollens, wo Männer
und Frauen sich einfinden, um miteinander zu arbeiten.

Als sie über den Tanz sprach, erinnerte ich mich daran, schon als kleines Kind, ohne mir etwas dabei zu denken, die Figur des Unendlichen auf Bürgersteigen und Spielplätzen gegangen zu sein. Und nun erzählte mir die Bienenmeisterin gerade, dass sich mit dieser Figur verborgene Bereiche erforschen ließen.

Auf diese Weise ist auch das Leben hier angekommen.
So kam die Vielfalt des Lebens auf unsere Erde. In die-
sem Zeichen ist der sechszackige Stern enthalten, der
Hermesstab in den Händen Merkurs, die goldene Kette
Homers, die Schlange auf dem Kreuz des Tao, der Ouro-
boros *ohne Anfang und ohne Ende, die* Vesica Piscis, *der*
Baum des Lebens, die harmonischen Proportionen von
Frau und Mann und die Schlangenenergien, die in ihnen
aufsteigen und wieder abnehmen.

Mit einem Mal schwieg sie, und dann folgte ein Geräusch, das sich anhörte, als ziehe sie das Symbol auf jeder der sechs Seiten meines Refugiums nach. Ich hatte das Gefühl, als würden diese Lemniskaten ∞ gleichzeitig in meine Haut tätowiert oder gebrannt und als bewegten sich die Zeichen wie ein unterirdisches Feuer durch meinen Körper, als würden sich alle sechs Lemniskaten in meiner Wirbelsäule verbinden, sich drehen, aufsteigen und wie Schlangen im Koitus herabfallen. Feuer und Ekstase erhoben sich und wuchsen an zu einer entsetzlich großen Spannung. Ich war reifer Wachs in den Waben und verflüssigte mich unter dem brennenden Blick der ∞. In diesem Schmelzen vereinigte ich mich mit der Wabe, verkörperte ich die Wabe, nahm ich die Wabe in meinen Körper auf.

Ich erwachte, als das Sonnenlicht in feinen Linien durch die Lücken meines geflochtenen Heims strömte und die Dunkelheit auflöste. Die Sonne hatte ihr Versprechen gehalten. Sie war wieder aufgegangen. Und so wie der Bär, der Winterschlaf hält, weiß, wann die Zeit gekommen ist, um bei Frühlingsanbruch seine moosige Höhle zu verlassen, so wusste ich, dass nun für mich die Zeit gekommen war zu gehen. Ich hielt einen Moment inne, um die Behaglichkeit animalischer Wärme zu spüren und mich darauf vorzubereiten, aus meinem Refugium hervorzukommen. Ich schob die Decke beiseite, die als Dach meines Hauses gedient hatte, stand auf und streckte mich wie eine Katze. Ich schaute auf die geniale Struktur, in deren Zentrum ich stand, fasziniert von ihrer Konstruktion und ihrer Funktion. Ich fühlte mich vollkommen anders, nicht nur geistig, sondern auch körperlich. Wahrscheinlich aufgrund meiner Pollendiät hatte ich rund fünfzehn Pfund Babyspeck verloren, der seit meiner Kindheit hartnäckig an mir geklebt hatte. Zugleich fühlte ich mich kräftiger, angeregter und lebendiger als je zuvor.

Als ich aus dem Gebilde herauskletterte, blickte ich in den Spiegel, der am Kamin über der offenen Feuerstelle hing. War das mein Gesicht? Dieses Gesicht war mir nahezu unbekannt. Es strahlte einen vitalen Glanz aus, der zu einem Sonnenreich gehörte, das ich nicht als mein eigenes gekannt hatte.

Ein strahlender, wolkenloser, knackiger Januarmorgen winkte durch die halb zugezogenen Vorhänge. Ich verließ den Raum und ging zur Rückseite des Hauses, trat zur Hintertür mit ihrem Spitzbogen hinaus. Bridge saß auf der Veranda. Als ich aus dem Haus kam, flatterte ein Vogel unter den Dachbalken hervor; auch er hatte seinen Weg ans Licht gefunden.

Der Wind war warm und hieß mich willkommen. Es war eine neue Welt.

«Dreiundzwanzig Tage», sagte Bridge sanft, als er sich erhob, um mich zu umarmen. Er hielt mich fest, als sich mein Körper instinktiv vor Erstaunen darüber zurückzog, dass ich beinahe einen ganzen Monat lang eingeschlossen gewesen war. «Dreiundzwanzig Tage und Nächte bist du gekocht worden. Welch ein Festmahl würdest du sein – und ein fettarmes noch dazu! Dreiundzwanzig Tage und Nächte», wiederholte er, «gerade so lange, wie die Drohne braucht, um vollständig ausgeformt aus der Zelle zu schlüpfen.»

Während er mich weiter umarmt hielt, flüsterte er die Worte: «Ich träumte, ich sei eine Biene, und als ich erwachte, fragte ich mich, ob ich nicht eine Biene sei, die träumte, sie sei ein Mensch.» Bridge wusste, dass ich Kafka liebte, und tatsächlich ähnelte meine Einweihung in gewisser Weise der tragikomischen Mär von Kafkas Erzählung *Die Verwandlung*, in der Gregor Samsa eines Morgens aufwacht und feststellt, dass er sich in einen riesigen Mistkäfer verwandelt hat. Für mich brachte diese Geschichte die manchmal furchterregende Absurdität der Wirklichkeit, aber auch die Fallgruben der Suche nach der eigenen Transformation auf den Punkt. So leicht ließ sich meine Erfahrung jedoch nicht abtun. Bridges Worte erschütterten mich, denn mit ihnen setzte er mich darüber in Kenntnis, dass die Erfahrung, die ich durchgestanden hatte, vorausgeahnt, ja sogar erwartet worden war – dass er im Voraus von den Schwierigkeiten und Herausforderungen wusste, die ich durchlaufen hatte. Eigentlich war es so, als sei meine Verwandlung in eine Biene vorgesehen gewesen, denn ich hatte ihm nicht davon erzählt und doch bezog er sich auf den «Traum», eine Biene zu sein – oder, so fragte ich mich, nun, da ich «erwacht» war, war es stattdessen eine Biene, die träumte, ein Mensch zu sein?

«Der Kontakt mit dem Zeitlosen lässt dich nicht unverändert. Das muss so sein; denn dir ist die Vergangenheit genommen worden, Twig. Dein altes Leben ist vorbei, und du bist mit neuer Bestimmung wiedergeboren worden, mit einer zweiten Bestimmung: wiedergeboren und aufgenommen vom Volk der Bienen.»

«Damit hast du nun eine Vorstellung von der Magie des Pfades bekommen. Magie hat einen schlechten Ruf, vor allem weil mit der erhabenen Wissenschaft unserer Vorfahren allzu oft dem falschen Herrn gedient worden ist. Aber es scheint, du bist am rechten Platz, mein Sohn.» Damit entließ er mich aus seiner Umarmung, stellte sich mir gegenüber, lächelte warm und nickte.

«Du bist nun auf dem Pfad des Pollens. Du hast es gewagt, Dinge anzugehen, die den Gesetzen des Lebens zuwiderlaufen, du hast diese Herausforderung angenommen und überlebt – in guter Verfassung, nicht mehr und nicht weniger! Indem du das getan hast, hast du den Sturm entfesselt, der nur durch das beruhigt werden kann, was aus deinem Herzen kommt – durch den Ausdruck echter Weisheit. Twig, jeder Mann und jede Frau tragen eine eigene Berufung in sich. Das Talent liegt darin, den Ruf zu hören. Du hast ihn gehört.»

5

Das Netz der Träume

... doch ich bin arm, hab nur meine Träume,
Die legte ich zu deinen Füßen aus,
Tritt sanft, du trittst ja auf meine Träume.
W. B. Yeats: «Er wünscht sich die Kleider des Himmels»

Wir saßen auf der Veranda und ließen uns in beredtem
Schweigen treiben, was viel über unsere Beziehung aus-
sagte: Sie hatte sich gefestigt, und unsere gemeinsame Flug-
route lag klar vor uns.

Bridge brach das Schweigen und schlug mir vor zu
baden, um den Schweiß, den Schmutz und die Tränen
meiner Reise abzuwaschen, denn er wusste, dass meine
nächste Aufgabe, selbst gewählt, darin bestehen würde,
den Obstgarten, die Bienenstöcke und die Bienen zu besuchen.

Nach meinem Bad ging ich hinaus in den Obstgarten.
Wieder lag das Tor des Übergangs vor mir, doch nun war
ich nicht mehr beklommen, schritt hindurch und fühlte, dass die Verbindung zwischen der mystischen grünen
Landschaft und meiner Seele weitaus vielfältiger geworden war. Kipling kam mir in den Sinn: «Unser England ist
ein Garten.» Hier gab es stille, ländliche Regionen, fried-
lich und innig geliebt, durch die Flüsse ruhig strömten,
es gab vom Sonnenlicht beschienene hügelige Wiesen, er-
haben thronten Burgen und Kathedralen, gerade wie im
sagenhaften Albion versunkener Zeiten. Wenig entfernt
lagen düstere Moore, schroffe Hügel und bedrohliche Inseln. Und jenseits dieser äußeren Landschaft existierte,

dessen war ich mir nun sicher, überall um mich herum eine
verborgene Welt voller Zauber, Geheimnis und Abenteuer.
Ich dachte darüber nach, wie sehr der Charakter der Briten
wohl von den ruhigen abgeschiedenen Tälern und den stei-
len Klippen geprägt und durchdrungen war, wie auch von
den Geheimnissen hinter dem durchlässigen Schleier, der
die unsichtbare Welt von der sichtbaren trennt.

Ruhig betrat ich den Obstgarten und ging weiter, um
die Bienenstöcke herum und zwischen ihnen hindurch. Es
hatte sich viel verändert. Tatsächlich schien es im Rück-
blick so, als würden die Bienen erst jetzt, in diesem Moment, so richtig in mein Leben fliegen, denn sie schwebten
über mir, wohl zur Begrüßung, und sie tanzten um mich
herum, offenbar vor Freude; und ja, mir war, als vernäh-
me ich von weit her die summende Weisheit des Bienenstocks. Der Klang war mir vertraut, ich hatte dieses sanfte
Gebrumm in der Wabe gehört. Es kündigte an, dass zwei
Welten sich berührten: die Welt des Alltags und die andere Welt der nicht-aristotelischen Logik. Ich wusch den bewegten Lehm, in ihm sollte ich Gold finden.

Als ich der Weisheit des Bienenstocks lauschte, war
ich mir kaum bewusst, dass ich der Route einer einzelnen Honigbiene folgte, die sich aus ihrem Heim kommend
durch die Luft bewegte. Sie schwebte langsam auf einen
blauen Rittersporn herab, landete auf einem Blütenblatt
und spazierte in die Blüte hinein, die sich leicht unter ihrem Gewicht senkte, während die Biene sich an den blau-
en, nach unten gebogenen Rand klammerte. Innen war es
himmlisch: ein berauschender Duft inmitten goldenen Pol-
lenstaubes, der von überall auf sie herabregnete. Sie rollte
darin herum, badete darin und saugte den klebrig-süßen
Nektar auf. Vollgesogen richtete sie ihre Augen zur Sonne, orientierte sich und machte sich auf den Weiterflug. Sie
war so schwer beladen, dass sie kaum mehr fliegen konnte,
alles an ihr war von goldenem Staub bedeckt. Sie schwebte
über ein Blumenbeet, landete auf einer Blüte, kämmte und
putzte sich und stopfte den Ertrag in zwei Körbe an ihren

Hinterbeinen. Nach und nach hatte sie alles abgefegt, und kaum war sie fertig, gelüstete es sie nach einem weiteren Bad im warmen, duftenden Staub.

Eine andere Blume verbeugte sich vor ihr, um sie zu empfangen. Sie besuchte Blüte um Blüte, bis sie nichts mehr aufnehmen konnte. Nun war sie so schwer mit Schätzen beladen, dass ihr der Heimflug Mühe bereitete, aber langsam gewann sie an Höhe und schließlich schaffte sie es zurück zum Bienenstock, der endlich in Sicht gekommen war. Als sie landete, tauchten andere Bienen auf und versammelten sich um sie, voller Bewunderung eskortierten sie sie zu den Waben. Sie begann zu tanzen; es war der Unendlichkeitstanz der Lemniskate, eine kraftvolle, fließende Achter-Figur, ein magisches Muster, das ich in den nächsten Monaten immer wieder nachahmen sollte, ein Tanz, der mich schließlich über den Kreislauf der Zeit hinaustragen würde.

Ich verbrachte die nächsten Tage mit Bridge, der über mich wachte. Es war eine klassische Nachbearbeitung, durchgeführt vom Bienenmeister, eine gezielte Interaktion, bestehend aus kritischer Betrachtung, Prüfung und Diskussion über den Ausgang der Ereignisse. Dabei wurden mir zuvor geheim gehaltene Informationen übergeben, wodurch sich sämtliche Missverständnisse klärten und auflösten.

Bridge wusste, wie man rasch zum Kern der Dinge vordringt, und so bekam ich umfassende Instruktionen. Vor dem Hintergrund dessen, was ich über *Hexagramma Mysticum* und *Lemniscus Infinitorum* gelernt hatte, erläuterten wir der Reihe nach meine Erfahrungen. Bridge erklärte mir, dass diese beiden Symbole nicht nur ihr eigenes grafisches Zeichen haben, sondern dass ihnen auch jeweils eine eigene Meditation, sowie ein eigener Klang, eine Form und bestimmte Handlungen zugeordnet werden.

«Diese Tradition stützt sich auf eine evokative Symbolik, Twig, die immer auch ihren praktischen Ausdruck hat, denn eine Sprache entsteht dadurch, dass man sie verwendet. Diese Symbolik ist aus unterschiedlichen Strömungen hervorgegangen, die sehr alt sind und innerhalb dieses Einweihungsweges weitergegeben wurden. Dabei verband sich in ununterbrochener Abfolge die unmittelbare Vision des einzelnen Initianden mit den Visionen aus der historischen Überlieferung und der Weisheit der Tradition.»

Bridge verlangte, dass ich den gesamten Ablauf meiner Erfahrung präzise wiedergab. Ich tastete nach Worten, als ich zu verknüpfen suchte, was ich als kaum kommunizierbare, höchst subjektive Erfahrung empfunden hatte. Dann durfte ich ihn alles fragen, was ich wollte, ohne dass ein einziges Mal die tiefhängenden Früchte erwähnt wurden! Bridge erklärte mir, was geschehen war: Mit Hilfe der Bienen und des Bienengiftes hatte er mein Bewusstsein, mein gesamtes Sein, in die Welt der Biene verschoben. Er erklärte mir, dass bei diesem Prozess ein mit den Bienen Praktizierender Bienengift an verschiedenen Punkten durch Einsatz des Stachels in den menschlichen Körper bringe. Diese Schlüsselpunkte bilden zusammen ein einheitliches Feld. Würden die einzelnen Punkte durch Linien verbunden, ergebe sich ein innerer Bereich, in dem die energetischen Bewegungen des Körpers für immer gespeichert seien. Das Bienengift wurde also an den Eckpunkten dieses Raumes appliziert, und darüber hinaus nutzte Bridge seine Fähigkeit, Leute in transzendente Bereiche zu «schubsen». Der letzte Punkt, an dem Bridge mich hatte stechen lassen – der Punkt zwischen den Augenbrauen, den Schamanen das Starke Auge nennen –, ist in der Bienenmedizin besonders wichtig. Dieser Ort wird als «Punkt, der offenbart» bezeichnet. Er gilt als äußerst wichtig, weil hier das Blut des Kopfes hindurchläuft und weil das Starke Auge dem Initianden den Weg öffnet, indem es seine Vision auf die geheimnisvollen Augen der Biene abstimmt.

Über den Verlust des Körpergewichtes hinaus hatten sich zwei weitere Veränderungen in meinem Äußeren ergeben, die anscheinend beide mit meiner Einweihung in den Bienenkult zusammenhingen. Erstens hatte ich etwas entwickelt, das sich als bleibendes Zeichen herausstellen sollte, eine Linie, die über meine Stirn herablief, wie eine Stirnrunzel, aber diagonal. «Das ist die erste deiner beiden Antennen, Antennen deiner Seele.» Bridge lachte, als er auf die beiden kaum sichtbaren Linien zeigte, die über seine eigene Stirn liefen und sich unterhalb des Starken Auges trafen und überschnitten. Als weitere Besonderheit, die im Laufe der nächsten Monate sichtbar wurde, begann mein Haar, das seit meiner Kindheit gelockt und gewellt war, nun glatt zu wachsen. «Üppiges Bienenhaar, junger Twig, üppiges Bienenhaar!», pflegte Bridge dazu zu sagen. Ich versuchte, seine Bemerkung abzutun, denn die Vorstellung, dass ich nicht nur begonnen hatte, die Welt ganz anders zu sehen, sondern dass auch mein Körper Veränderungen durchlief, zermürbte und störte mich mehr, als ich bereit war zuzugeben.

Nachdem ich die Erfahrung meiner Einweihung beschrieben hatte, schlug Bridge mir vor, meine Schlafgewohnheiten zu verändern. Jetzt sei die günstigste Zeit, um das vertraute Bett hinter sich zu lassen und zum Schlafen das *Traumnetz* zu verwenden, das ich bisher nur als Hängematte kannte. Bridge zufolge war die Hängematte vor Tausenden von Jahren entstanden. Sie wurde von denen, die auf dem Pfad des Pollens waren, nicht nur zum Ausruhen genutzt, sondern auch für die Traumarbeit. Ich lernte, dass der Oneirismus, also die Lehre vom bewussten Umgang mit Träumen, eine entscheidende Rolle bei der Arbeit auf dem Pfad des Pollens spielt und dass die Hängematte als ideales Fahrzeug für diese Arbeit galt. Dies erklärte auch, warum es im ganzen Haus nur ein einziges Bett gab, und zwar im Gästezimmer.

Bridge erklärte mir, dass das Gebilde, in dem ich während meiner Initiation untergebracht war, auch in der Traumarbeit verwendet wurde, die einem Einweihungsritual üblicherweise folgte. Er nannte die Struktur, in der ich gelegen hatte, eine Oneirizelle (vom griechischen *Oneiros*, «Traum»), die Zelle des Träumens, ein Nachbau der ur-

sprünglichen Wabenzelle der Honigbiene in großem Maß-
stab. Mit Lachen in den Augen fügte er hinzu, dass die
Korbmacher, welche solche Körper flochten, ursprünglich Twiggies genannt wurden, und meinte, es sei nur eine
Frage der Zeit, ehe ich von einem bloßen Twig zu einem
Mitglied der Gilde der Twiggies werden würde. Es waren
jedoch das Traumnetz, das ich täglich nutzte, und Bridges
Instruktion, wie es zu benutzen sei, die mir einmal mehr
zeigten, welch praktisch erprobter Fachmann für das Heilige er doch war.

Bridge erklärte mir, dass das Traumnetz einen Teil der
Traumarbeit ausmachte, wie sie von bestimmten griechischen Mysterienschulen entwickelt worden war, welche
die Kunst der Trauminkubation, des Tempelschlafs, per-
fektioniert hatten. Der oder die Betreffende wurde in eine
eigens dazu erbaute Kammer geführt, die zu einem Tempel
gehörte, der gewöhnlich Asklepios, dem griechischen Gott
der Heilkunst geweiht war. In dieser Inkubationskammer
empfing er oder sie im Traum Besuch von den Göttern und
erfuhr anschließend Heilung.[15]

«Wir verwenden beim Schlafen eine besondere Traum-
methode, so dass wir unsere Zeit auf der Erde – ein kurzer
Moment inmitten der Ewigkeit – nicht verschwenden»,
fuhr Bridge fort. Nebenbei hatte er erwähnt, dass um 1860
dem Methodistenpfarrer Reverend Langstroth im Traum
eine himmlische Offenbarung zuteil geworden war. Ihm
war in allen Einzelheiten die Konstruktion des ersten Bienenstocks mit einzeln verschiebbaren Rahmen erschienen,
wofür er später «der Vater der modernen Bienenhaltung»
genannt wurde. «In Europa sind die Lehren der Traumarbeit vielleicht verborgener als anderswo. Ihren Höhepunkt
hatte die Traumarbeit in den griechischen Mysterienschulen erreicht. Dort wurde die asklepische Trauminkubation entwickelt, und diese Methode wurde fast zweitausend
Jahre lang angewendet. Unsere Praxis des Wahrträumens
und des Traumjagens und -pirschens baut auf dieser Tradition auf. Es ist ein kraftvoller Prozess, um Zugang zu

anderen Wirklichkeiten zu bekommen. Mit großer Achtsamkeit angewendet, führt er zu einer bewussten Kontrolle des Traumlebens.» Bridge rollte eine Hängematte aus und befestigte sie an zwei Haken an der Wand. «Beobachte und lerne», wies er mich an. Ich stand neben ihm, als er geschickt in die Hängematte kletterte, sich hineinlegte und deren Seiten ergriff.

Er fing an, wie ein Pendel hin- und herzuschwingen, dann verlagerte er mit einem Mal sein Gewicht, wodurch die Hängematte wie ein Spinnrad herumwirbelte und sein Körper sich ganz und gar im Netz der Hängematte einwickelte. Langsam kam die Hängematte zum Stillstand, und Bridge lag im Kokon verborgen. Von jenem Abend an verwendete auch ich diese Methode zum Einschlafen.

Bridge bestand auch darauf, dass ich nun die linke Hand benutzte. Eigentlich bin ich Rechtshänder, doch Bridge drängte mich dazu, mich davon zu lösen, da die Arbeit auf dem Pfad des Pollens eine Verbindung zwischen dem Linkshändigen Pfad und dem Rechtshändigen Pfad ist. Daher ist bei jenen, die «auf der Lemniskate reisen», in hohem Maße das erforderlich, was ich als Beidhändigkeit zu verstehen lernte. Bridge erklärte: «Der Begriff der ‹Händigkeit› bezeichnet eine einzigartige Eigenschaft von uns Menschen, Twig. Es ist ein körperliches Merkmal für die Dominanz und Bevorzugung einer bestimmten Seite. Ich möchte, dass du sowohl mit deiner rechten als auch mit deiner linken Hand agieren kannst. Aber ich würde nicht als ‹Beidhändigkeit› bezeichnen, was einfach ‹zwei rechte Hände haben› meint und für mich nicht mehr bedeutet als zwei linke Füße!» Still entsorgte ich das Wort in dem sich rasch mit überkommenen Begriffen füllenden Papierkorb.

«Wusstest du, Twig, dass die katholische Kirche einst erklärte, linkshändig zu sein mache dich zu einem Diener des Teufels?», fragte mich Bridge. «In vielen Sprachen wird das Wort *links* mit Ärger assoziiert und mit dem Diabolischen. Tatsächlich bedeutet der lateinische Begriff *sinister* ‹unheilvoll› und ‹links›. Aber in Wahrheit zeichnen sich

Linkshänder in bestimmten Bereichen und Berufen durch besondere Begabungen aus, namentlich in höherer Mathematik, Schach, Musik, Zeichenkunst und in der Kunst überhaupt. Leonardo da Vinci, Michelangelo, Raphael und Picasso, sie alle waren Linkshänder. Also lass uns doch mal sehen, was passiert, wenn wir deine linke Seite stärken.»

Die Begriffe ‹Rechtshändiger Pfad› und ‹Linkshändiger Pfad› waren, so führte er weiter aus, spezielle technische Begriffe, die indo-europäischen tantrischen Praktiken entstammten. Der Rechtshändige Pfad unterscheidet sich vom Linkshändigen insofern, als er keine sexuelle Komponente enthält, während beim Linkshändigen Pfad der Liebesakt als Teil der Arbeit zugelassen ist. «Es ist ein Übergangsritus mittels der Sinne; die Augen, das Herz und die Spontaneität des Körpers – alle helfen sie uns, zum Punkt der zentralen Stille auf unserer sich drehenden Welt zu gelangen. Die negativen Bedeutungen des Linkshändigseins sind weitestgehend einem Kampf zwischen den Geschlechtern geschuldet, denn die meisten, wenn nicht sogar alle Mythen stimmen darin überein, dass die rechte Seite männlich und die linke Seite weiblich ist. Sicher weißt du, dass man über die linke Gehirnhälfte, welche die rechte Seite des Körpers kontrolliert, sagt, dort würden logische Denkfolgen entwickelt und Sinneseindrücke unterbunden, die sich störend auf das Lösen von Problemen auswirken könnten. Die rechte Gehirnhälfte hingegen, welche die linke Körperhälfte kontrolliert, gilt häufig als intuitiver, kreativer oder einfallsreich visionärer Teil des Gehirns. Hier entsteht angeblich das eher sinnliche Bewusstsein, das sich in Gefühlen, Empathie, Kunst, visueller Vorstellungskraft und Inspiration manifestiert, Eigenschaften, die bestimmte Leute für Aspekte des Weiblichen halten.»

Das war offensichtlich allzu vereinfacht ausgedrückt, aber Bridge wollte, dass ich mich auf diese Aspekte bezog, damit ich voll und ganz zu dem werden konnte, der ich bin. Er lehrte mich eine Technik zum Ausgleich der beiden Gehirnhälften. Dazu musste ich meinen rechten Arm direkt vor mich halten und mit meinem Zeigefinger «auf die Unendlichkeit weisen». Dann begann ich, die Lemniskate vor mir in die Luft zu zeichnen, ungefähr einen Meter zwanzig im Durchmesser: Meine Augen hielt ich dabei immer genau dahin gerichtet, wo sich mein Finger befand, und gleichzeitig sah ich vor meinem geistigen Auge, wie sich die Lemniskate formte. Das wiederholte ich dann mit dem anderen Arm. Was immer diese Übung zum Ausgleich meiner beiden Gehirnhälften bewirkt haben mag, sie versetzte mich jedenfalls immer in einen erweiterten und erhöhten Bewusstseinszustand. Diese grundlegende Gestaltbildung ging schließlich zu verfeinerteren Formen des Arbeitens mit der ∞ über, um so den Körper selbst zu stärken und alle Glieder und Muskelgruppen zu trainieren, wobei immer im Muster der Lemniskate gearbeitet wurde. Dazu gehörte auch ein Tanz, eine Nachahmung des Bienentanzes. Später ging es darum, mich in der schwierigen Kunst zu üben, die Lemniskate im Inneren des Körpers zu zeichnen: in den lebenswichtigen Organen und Knochengruppen, was die inneren Sterne untereinander und mit dem Rückgrat verband, so dass ein Merkurstab entstand, wobei die Wirbelsäule den Stab dieses *Caduceus* darstellte.

Der Prozess des Zweihändigwerdens wurde dadurch eingeleitet, dass mein rechter Arm auf dem Rücken festgebunden wurde. So wie eine Augenklappe über einem Auge getragen werden kann, damit das schwächere, «faule» Auge benutzt und dadurch stärker wird, so wurde mir die Funktion meines rechten Armes entzogen, was mir keine andere Wahl ließ, als meine linke Hand zu verwenden. Zusätzlich zu diesem strengen Verfahren lenkte ich mein Augenmerk aktiv auf die linke Körperhälfte und ignorierte die rechte Seite meines Körpers so stark wie möglich. Sieben Tage lang sollte ich mein Selbstgefühl, mein «Ich», in unterschiedlichen Gliedmaßen auf der linken Seite lokalisieren und dabei alle vierundzwanzig Stunden von einem Körperteil zum nächsten wechseln. Nachdem ich das eine

Woche lang praktiziert hatte, wurde mein weggebundener Arm wieder befreit. Innerhalb dieser wenigen Tage war meine linke zur dominanten Seite geworden. Die Organisation meines gesamten Halte- und Stützapparates hatte sich verändert.

Bridge ließ mich dann in Spiegelschrift schreiben, wieder mit der linken Hand. Bei der Spiegelschrift schreibt man von rechts nach links und seitenverkehrt: Im Spiegel erscheint dann die normale Schrift. Leonardo da Vinci schrieb die meisten seiner Manuskripte, seine Briefe und aufwändig illustrierten Notizbücher in Spiegelschrift. Niemand weiß, wieso er so schrieb. In zwei Theorien wurden Bequemlichkeit oder Sicherheit als Grund genannt.

Nachdem ich meine rechte Hand ungefähr acht Monate lang weder zum Schreiben noch zur Arbeit an den Bienenstöcken oder für irgendeine andere alltägliche körperliche Aktivität benutzt hatte, schien ich an einem Scheideweg angelangt zu sein. Nun war mein Geist unsicher, welche Hand er benutzen sollte. Danach machte sich eine größere Ausgewogenheit bemerkbar. Von nun an war ich in der Lage, meine Hände mit bemerkenswerter Synchronizität zu bewegen.

Zu dieser Zeit integrierte ich vieles von dem, was während meiner Einweihung geschehen war, und die Erfahrung beunruhigte mich nur noch selten. Ich wusste nun einfach, dass ich in direkten Kontakt zum unendlich alten, aber immer neuen Geheimwissen des Bienenstockes getreten war. Als einer der Söhne gehörte ich in den Bienenstock, gerade so wie ich außerhalb des Bienenstockes ein Botschafter der Königin war. Außerdem wurde ich in dieser Zeit in der Theorie und Anwendung des Bienengiftes und der inneren Sterne unterwiesen, und ich vertiefte meine Traumpraxis im Netz.

Ein weiterer Teil meines Trainings war das Studium der Zeit. Bridge brachte mir diesen Bereich in seiner typisch rätselhaften Art nahe, unmittelbar nachdem ich besonders gut mit den Bienenstöcken gearbeitet hatte (wenigstens dachte ich das): «Twig, du weißt, dass jeder ein paar Sachen richtig machen kann. Sogar eine stehen gebliebene Uhr zeigt zweimal am Tag die richtige Zeit an! Aber was sagt uns die Uhr? Was ist Zeit überhaupt?» Ich zeigte auf meine Uhr, aber noch ehe ich meinen Mund aufmachen konnte, fuhr Bridge fort: «Trägt die Zeit eine Armbanduhr? Twig, du warst Zeuge eines bestimmten Phänomens, du hast erlebt, wie die Zeit sich ausdehnte. Denke einen Moment lang über deine *Zeit* im Bienenstock nach. Du wurdest geboren, du lebtest, und du starbst als eine Drohne, aber im normalen Lauf der Zeit hattest du diese Welt nur für ein paar kurze Stunden verlassen. Umgekehrt warst du entsetzt zu erfahren, dass du mehr als drei Wochen da drinnen verbracht hast, als du aus der Oneirizelle aufgetaucht bist.»

Das erinnerte mich an die grundlegende Theorie der Ausdehnung von Zeit, wie sie von der Wissenschaft hochgehalten wird – dass sich, falls sich zum Beispiel ein Fahrzeug der Lichtgeschwindigkeit nähert, die Zeit für jeden Insassen verlangsamt. Eine Vielzahl von Experimenten hat dies bewiesen, für das bekannteste dieser Experimente verwendet man zwei Uhren. Eine der beiden Uhren wird in einem Flugzeug platziert, das mit hoher Geschwindigkeit abhebt. Die andere Uhr bleibt fest auf dem Boden. Wenn das Flugzeug zurückkehrt und man beide Uhren nebeneinanderstellt, geht die Uhr, die an Bord des Flugzeuges war, verglichen mit der Uhr, die am Boden blieb, ein wenig *nach*. Mit der speziellen Relativitätstheorie wurde bewiesen, dass eine Uhr in Bewegung langsamer tickt als eine, die fest steht, und dass bei Erreichen der Lichtgeschwindigkeit die Zeit vollkommen stillsteht.

Bridge fuhr fort: «Schon immer haben die Menschen eine Schlacht gegen die Zeit geführt und verloren, und es gibt unendlich viele Märchen über Leute, die versuchten, mit allen möglichen Mitteln ihr Leben zu verlängern. Diese Menschen haben in die falsche Richtung geschaut. Die Funktion der Uhren besteht darin, die vierundzwanzig Stunden des Tages mehr oder weniger verlässlich in Stunden, Minuten und Sekunden aufzuteilen. Dies könnte man ‹objektive Zeit› nennen, weil alle Uhren auf der Welt die Zeit in gleich dicke Scheiben teilen sollen. Wir wissen aber, dass die Zeit sich unter verschiedenen Umständen nicht so anfühlt, als verginge sie gleichmäßig. Die Zeit kann verfliegen, oder sie kann dahinschleichen. Einstein, nach diesem Phänomen befragt, antwortete, dass die Zeit in einer Minute vorbei sei, wenn er zwei Stunden mit einer schönen Frau verbringe, aber wenn er nur eine Minute auf einer heißen Herdplatte säße, würde sich das wie zwei Stunden anfühlen. Einstein war ein echter Wissenschaftler, und er hatte keine Angst davor, die Götter zu erwähnen. Aber weißt du, Twig, schon unsere Ahnen und jene, die vor uns den Weg bahnten, erforschten die Geheimnisse der Zeit auf empirische Weise: dazu braucht es bloß die nötige Aufmerksamkeit und Unterscheidungsvermögen.»

Der Bienenmeister stand auf, um sein *Tanging Quoit* zu holen, und ich fragte mich, ob er mir gleich das Geheimnis der Unsterblichkeit enthüllen werde oder wenigstens das der Langlebigkeit. Er spielte ein paar Minuten auf dem *Quoit* und dabei musste ich die ganze Zeit auf den Sekundenzeiger einer Uhr starren. Ich wartete und beobachtete die Uhr. In einem bestimmten Moment, als ich gerade den Zustand erreichte, in dem ich gewöhnlich mit dem Bienenstock eins wurde, blieb der Sekundenzeiger stehen. Meine Reaktion bestand darin, es für unmöglich zu halten, und genau in diesem Moment begann der Zeiger sich wieder zu bewegen. Er lief immer schneller, bis er seine normale Geschwindigkeit erreicht hatte. Mit mehr Übung, wobei es besonders darauf ankam, nicht auf das zu reagieren, was meine Augen sahen, und dabei Aufmerksamkeit und Unterscheidungsvermögen einzusetzen, gelangte ich schließlich an den Punkt, wo ich den Sekundenzeiger so lange anhalten konnte, wie ich wollte.

Ich lernte, dass die Zeit sich nicht wie der sprichwört-
liche Pfeil unaufhörlich mit konstanter Geschwindigkeit
vorwärtsbewegt, sondern sich eher wie das Wasser auf
der Erde verhält. In den großen Ozeanen der sich immer-
während verändernden Zeit bewegt sich eine Vielzahl von
Lebensformen wie durch Ebbe und Flut, in Oberflächen-
strömungen und in etwas, das Bridge «Tiefzeitzirkulation»
nannte. Andernorts befinden sich unergründliche Becken
an Zeit in unmerklicher Bewegung. Dann wieder vermag
Zeit zu rasen, zu strömen und vorwärtszustürmen. Sie
kann still sein und, ja, sie vermag stehenzubleiben. Zeit
kann durch Risse im Gestein der Materie versickern, und
in trockenen und ausgedörrten Wüsten des Kosmos kann
sie ganz und gar abwesend sein. Die Flüsse der Zeit fließen
in eine Richtung, nur um dann eine andere einzuschlagen.

Im nächsten Stadium arbeitete ich allein. Es ging darum, mich zu bewegen, sobald der Sekundenzeiger stehengeblieben war – ein Prozess, den auf seiner Grundstufe zu
meistern bereits mehrere Jahre in Anspruch nimmt. Ich
musste mich enorm konzentrieren, um diese Arbeit zu beginnen und an den Punkt zu gelangen, wo ich einen ersten Schritt tun konnte, ohne dass sich die Welt wieder zu
bewegen begann, aber nach mehreren Monaten gelang es
mir in begrenztem Maß.

Sobald ich bei dieser Arbeit ein gewisses Fundament
erreicht hatte, informierte mich Bridge, dass er beim
nächsten Stadium dabei sein werde. Zur verabredeten
Stunde, als die Dämmerung ihre Arme nach der Dunkelheit ausstreckte, betrat ich einen Bereich, den Bridge
als «den Stillstand» bezeichnete, und ich begann mich
in einem Raum zu bewegen, in dem die Zeit stillstand.
Es war keine große Überraschung, dass dies Bridge in
seinen Möglichkeiten in keiner Weise beeinträchtigte.
Er bewegte sich übergangslos in diesen Raum, wodurch

sich meine Fähigkeiten allein schon durch seine Anwesenheit verbesserten. Wir wagten uns hinaus unter den blauschwarzen Himmel und, tatsächlich, auch die Welt stand still. Es gab kein anderes Geräusch als das unseres Atems, keine Bewegung außer unserer eigenen. Aber bestimmt drehte sich die Erde noch? In der Welt, in der Bridge und ich uns gerade aufhielten, war keine Zeit. Mich mit Bridge in der Nicht-Zeit aufzuhalten sollte zu einer meiner kostbarsten Erinnerungen an ihn werden, doch wurde ich erst richtig gut darin, nachdem wir fast zehn Jahre miteinander gearbeitet hatten.

Genau ein Jahr war seit meiner Einweihung vergangen. Wieder saßen wir am letzten Tag des alten Jahres gemeinsam vor seinem Holzofen, nachdem wir uns ein Mahl aus walisischem Berglamm geteilt hatten, das Bridge mit selbstgemachtem Senf auftrug, den er mit Met, Hagebutten und Kräutern aromatisiert hatte. Beim Kochen legte er sich ins Zeug, als sei es das Letzte, was er noch zu tun hätte – und so tat er wirklich alles: Ohne jeden Rückhalt gab er sich vollkommen hin.

«Twig», Bridge sprach leise meinen Namen. «Twig, du bist jetzt mein Freund und Verwandter. Wenn du dich nun weiter in den Pfad des Pollens vertiefst, besteht deine Aufgabe darin, losgelöst, aber nicht gleichgültig zu sein – gelassen, aber nicht passiv. Wenn du das im Hinterkopf behältst, solltest du eigentlich weitere Fortschritte auf diesem Pfad machen, obwohl du Engländer bist.»

«Diese Feststellung fegt mich echt vom Hocker, Bridge!», rief ich aus, als er die Bemerkung wegen meiner Nationalität fallen ließ. Daraufhin kam er zu mir und überreichte mir einen Besen, wobei er spaßhaft murmelte: «Aber Twig, Fegen kann etwas sehr Wertvolles sein.»

6

Die Bienenmeisterin und die Melissae

Ach, Lieben ist eine Reise mit Wasser und mit Sternen,
mit erstickter Luft und jähen Stürmen aus Mehl;
Lieben ist ein Kampf mit Blitz und Wetterleuchten,
und um des einen Honigs wegen zerfließen da zwei Leiber.
PABLO NERUDA

Ich fühlte ihre Anwesenheit, eine hauchzarte Leichtigkeit, in meinem Rücken, noch ehe ich sie sah oder hörte. Ich hatte aufmerksam zugesehen, wie einige Bienen sich ihren Weg in die Blüte einer einheimischen Orchidee bahnten. Dies war eine von Bridges zahlreichen Aufgaben für mich. Damit sollte ich meine Beobachtungsfähigkeit üben und verfeinern, und zwar nicht nur mit den Augen, sondern mit dem ganzen Körper, um so in die Welt der Biene einzutreten und deren Rituale und Kräfte zu verstehen. Ich war derart auf diese Aufgabe konzentriert, dass ich gar nicht bemerkt hatte, wie eine jener geheimnisvollen Frauen, von denen ich gehört hatte, denen ich aber noch nie begegnet war – eine Melissa –, das Bienengelände betreten hatte, leise herübergekommen war und nun hinter mir stand. Sie hatte schweigend zugesehen, wie ich in meinen Beobachtungen fortgefahren war, und dann ganz leise geflüstert (eindeutig für mich bestimmt, aber so als sei die Blüte gemeint): «Ist die Blüte die Nahrung der Biene – oder verkörpert die Biene die Genitalien der Blume?»

Die Stimme umspannte sämtliche Arten der Tiefe und des Gefühls, eine berauschende Klangschmelze, in der Klarheit und Strenge lagen und zugleich eine tiefe Sinnlichkeit und eine Erdigkeit. Es war auch ein Lachen in ihrer Stimme – ob über mich oder über ihre eigene Frage, da war ich mir nicht ganz sicher –, was noch dazu beitrug, dass ich mich in ihrer Gegenwart beiseitegedrängt fühlte, ihr so erlegen war, innerhalb einer so kurzen Zeitspanne, dass eine Uhr sie kaum hätte anzeigen können. Und da lag noch mehr in diesen Klangschichten, die sich vor mir entwirrten, ein Akzent, den ich nicht genau zuzuordnen vermochte, der aber von Geheimnissen jenseits der Karpaten erzählte und der von der Leuchtkraft des weiten Himmels über Arizona gefärbt war.

So lernte ich die Melissae kennen, sechs weibliche Lehrlinge einer beeindruckenden Frau, die mir nur unter ihrem offiziellen Titel bekannt wurde, als «Bienenmeisterin».

Diese Melissa war verschleiert, so wie es alle Melissae sind. Der offensichtliche Grund für den schwarzen Schleier lag darin, die Frauen vor den Bienen zu schützen, aber es gab noch eine tiefere Absicht: sie vor neugierigen Augen zu schützen und ihr Geheimnis zu bewahren.

Wie man sich unschwer denken kann, war ich von diesen geheimnisvollen Frauen, die niemals ohne ihren Schleier zu sehen waren, vollkommen verzaubert. Es schien, als sei ich entweder versehentlich oder mit voller Absicht von ihnen ferngehalten worden, denn bei jeder Gelegenheit, bei der ich dachte, nun würde ich endlich ihre Bekanntschaft machen, zogen sie sich wie auf ein stilles Kommando zurück. Bridge weigerte sich, mehr zu diesem Thema zu sagen; er pflegte nur kaum hörbar zu murmeln, dass «der Wind sich nicht in einem Netz fangen lässt», und er sprach davon, «Wasser in ein Sieb zu gießen» – Worte, die mich noch mehr verzauberten und jene magnetische Anziehungskraft weiter verstärkten, die diese Frauen zu haben schienen. Ich brauchte viele Stunden, verteilt über Monate, um auch nur die allergrundlegendsten Informationen über die Melissae herauszubekommen. Inzwischen weiß ich, dass mein Fragen und mein zunehmend angestrengteres Forschen völlig erfolglos waren, denn die wenigen

Krümel an Information, die ich bekommen konnte, waren rückblickend gesehen wohlüberlegt in beinahe homöopathischen Dosen bemessen worden. Natürlich machte mich das nur noch neugieriger – eine Aufregung, der nur noch meine Verzweiflung gleichkam.

Bridge gab schließlich nach, als ich ihn frustriert fragte: «Was zum Teufel ist ihre Aufgabe, falls sie denn überhaupt eine haben?» Scheinbar ohne einen Muskel zu bewegen, drehte er sich um, traf meinen Blick und fing an zu sprechen. «*Der Bienenmeister weiß*, dass die Kenntnis des Schicksals und die Fähigkeit zur Inspiration zwei der zentralen Kräfte dieser Frauen sind. Das Wissen um das Schicksal ist jedoch viel mehr als einfache Volksmagie, es ist das angeborene Wissen um den Typus. Dazu gehört die Fähigkeit, einen Typus entsprechend der Art von Kraft, die er haben soll, auszubilden und zu führen.»

Ich wurde quasi damit hängen gelassen, was denn ein «Typus» war oder sein sollte. Ich nahm an, es sei eine Persönlichkeitsform oder ein Charakter und dass die Melissae sich irgendwie darauf einstellen konnten, dem betreffenden Menschen jeweils genau die Führung und Unterweisung zukommen zu lassen, die sich am besten für ihn eignete. Diese Annahme steigerte natürlich meine Verwirrung nur noch zusätzlich, und sie führte dazu, dass sich mir noch mehr quälende Fragen stellten. Welcher Typus war ich dann? Und welche Form mochte meine eigene Ausbildung mit diesen Frauen annehmen, sollte ich überhaupt jemals das Glück haben, sie auch tatsächlich kennenzulernen?

Zu meiner Überraschung und Freude führte Bridge bei dieser Gelegenheit weiter aus: «Die Melissae sind Frauen, die in einem Land leben, das östlich der Sonne und westlich des Mondes liegt und für das es keine Landkarte gibt. Wie die Biene selbst sind es schleier-beflügelte Wesen, menschliche Hymenoptera.» Ich konnte nicht umhin, den Bezug zum Hymen oder Schleier zur Kenntnis zu nehmen, der zusätzlich zu seiner bekannteren Bedeutung auch den Verschluss des inneren Schreins des Tempels der Göttin meinte, und ich fragte mich, was das, falls überhaupt, für die Aufgaben der Melissae bedeuten mochte.

«Wir – Männer – sind ‹Gäste› der Bienentradition, und die Melissae sind unsere Gastgeberinnen, denn die Bienengesellschaft stellt den Zenit der weiblichen Potenz der Natur dar. Wir sind nur Drohnen, Twig, und das solltest du nie vergessen. *Rex non utitur aculeo!*[16]

Die Grundlagen der Männlichkeit und der Weiblichkeit haben sich seit einer Million Jahre nicht groß verändert. Das Weibliche leistet immer noch mehr Reproduktionsarbeit, und das Männliche ist in vielerlei Hinsicht Parasit seiner Partnerin. Frauen sind vielleicht das Letzte, was von Männern zu ‹zivilisieren› ist. Diese Frauen – diese wilden Frauen – werden sich niemals zivilisieren lassen. Männer, die in ihren Armen landen, tun es kaum, ohne ihnen auch in die Hände zu fallen.

Sie verfügen über geheime Fähigkeiten, die es ihnen erlauben, einen Mann zu befrieden, zu bezwingen, zu lähmen, zu blockieren und sogar seinen Tod zu träumen, sofern sie das so wollen. Aber Twig, falls du diese Frauen treffen solltest, frage ich mich, ob du sie überhaupt erkennen würdest, denn der ‹zivilisierte› Mann stampft und trampelt im ewig gleichen Trott bis in sein Grab, er nimmt absolut keine Notiz von der Schönheit, Wildheit, Gemütsbewegung und von dem Wunder, an dem er blind vorbeirennt. Das Auge sieht nur das, was der Geist zu erfassen vermag, weil er darauf vorbereitet ist. Daher, Twig, lautet meine Frage: ‹Würdest du sie überhaupt erkennen, wenn sie in deiner Nähe wären?› Oder vielleicht sollte ich eher sagen, dass du sie sogar erst noch wahrnehmen können musst, wenn sie sich dafür entschieden haben, in deiner Nähe zu sein, denn sie treten leise auf und flüstern dir ins Ohr, sie gleiten hin und her und hinein und hinaus; immer unter der Maske verborgen, die ihren Absichten gerade am besten dient.»

Trotz seiner rätselhaften Worte bezüglich der Rolle der Männer innerhalb der Tradition spürte ich, dass er mich damit vorbereiten wollte und mir vielleicht damit noch nicht das ganze Bild enthüllte. Mir schien, dass die Rollen des Bienenmeisters und der Bienenmeisterin und die Verbindung der beiden nicht darauf basierten, wer wem überlegen war, sondern dass beide Rollen verschieden und gleichermaßen wichtig waren, wobei ihre Funktion darin bestand, gemeinsam Verantwortung zu übernehmen. Darüber hinaus erlaubte ich meiner Phantasie, diese Frauen als Angehörige einer uralten Tradition von engagierten Menschen zu gestalten, die in einer Art und Weise zu arbeiten vermochten, welche sich jenseits der uns bekannten Naturgesetze bewegte: ihre Handlungen wurden in kosmische Ereignisse transformiert, die die Welt um sie herum zu beeinflussen und das Innenleben jeder Generation zu nähren vermochten.

Bridge setzte seine Rede über die weiblichen Mitglieder der Tradition fort, während wir durch den Bienengarten gingen. «*Der Bienenmeister weiß*, dass es sieben gibt, die dienen, jeweils sechs Lehrlinge und deren Lehrerin, die Melissae und die Bienenmeisterin. Ihr Gefolge nennt sie ‹Mutterbiene› und wir Bienenmeister kennen sie als ‹Königin der Synchronizität›. Vielleicht entdeckst du eines Tages, warum wir ihr diesen Titel verliehen haben. Du weißt, dass der Bienenmeister jeweils nur einen männlichen Lehrling ausbildet, doch die Bienenmeisterin unterweist sechs weibliche Lehrlinge, weil Sechs die bestimmende Kraftzahl dieser heiligen Tradition ist, was zum Teil auf die hexagonale Form der Zellen im Bienenstock zurückgeht. Die Bienenmeisterin wird Mutterbiene genannt nach der Göttin Demeter, die sämtliche Lebenszyklen regierte, als sie noch die am meisten verehrte Göttin und der Bienenkult noch allgemein bekannt war. Götter und Göttinnen sind wie Politiker, Twig: Ihre Macht und ihr Einfluss sind von der Größe und Stärke ihrer Anhängerschaft abhängig. Wenn diese Anhängerschaft schließlich schwindet, werden auch sie schwächer, aber die Alten, die mit unserem Pfad in Verbindung stehen, werden von der Hingabe der Melissae lebendig gehalten.»

Bridge begann dann von der geheim gehaltenen Geschichte der Melissae zu erzählen. Er sagte, sie seien die leibhaftigen Repräsentantinnen einer verborgenen Schwesternschaft, der sogenannten Schwesternschaft des Bienenstockes, die, anscheinend sogar noch älter als die Melissae selbst, überall auf der lebendigen Erde erhalten geblieben war. «Diese Melissae sind Übermittlerinnen eines archaischen Impulses, der im Mittelpunkt des Pfades des Pollens steht und zur Zeit der Melissae in den griechischen Tempeltraditionen am stärksten ausgeprägt war. Sie stehen mit dem großen Orakelzentrum von Delphi in Verbindung, einem Konzentrationspunkt uralter weiblicher Kräfte, der von der Pythonesse Delphine regiert wurde. Der Begriff Melissae wird weiterhin von jenen Frauen verwendet, die in dieser Tradition in Europa arbeiten, und ‹Schwesternschaft des Bienenstockes› ist der Sammelbegriff für alle Frauen, die so arbeiten, egal wo sie sind.»

Das Wort Melissa bedeutet ganz einfach Biene. Man sagt, die erste Melissa habe für Zeus gesorgt, als dieser noch ein Kind war und vor seinem Vater versteckt wurde, dem König aller Götter. Melissa plünderte Bienenstöcke, um Zeus mit Honig zu füttern. Als bekannt wurde, welche Rolle Melissa beim Schutz von Zeus gespielt hatte, wurde sie in etwas verwandelt, was als niedere Spezies galt, in ein Insekt. Zeus hatte später Mitleid mit ihr und verwandelte sie in eine Honigbiene, für immer damit beschäftigt, Honig herzustellen. «Es steckt allerdings», fuhr Bridge fort, «noch mehr hinter dieser Arbeit, als auf die Götter aufzupassen und Honig herzustellen, oder lass es uns so sagen, es steckt noch mehr dahinter, wenn man diese Geschichte mit *unseren* Augen sieht. Melissa war auch die Göttin des Rausches und der sexuellen Leidenschaft. Beides kann als Zugang zur Kommunion mit allem Leben dienen, und genau dies ist der archaische Impuls, den sie noch immer übermitteln. Beachte, Twig, dass die Biene die *Copula*, das Bindeglied, zwischen den männlichen und weiblichen Bestandteilen in einer Blüte ist. Wir wissen auch, dass die Biene eine Seelenführerin sein kann, indem sie die Toten auf ihrem Weg in die anderen Welten geleitet – ein *Psychopompos*.» Unvermittelt hielt Bridge inne. «Genug für heute», sagte er mit fester Stimme, womit er die Tür zu jeder weiteren Erörterung verschloss. Die Übermittlung des Wissens war für heute beendet, aber in mir hatte sich die geheimnisvolle Faszination nur noch verstärkt, und ich blieb mit dem Wunsch zurück, wenigstens ein paar weitere Hinweise zu bekommen, was die Identität dieser Frauen und ihre Verbindung zu Bridge und folglich auch zu mir anging.

In jener Nacht träumte ich, dass ich mich mit der Bienenmeisterin traf, die Teile ihrer Kleidung abstreifte und ihre Brüste entblößte, an denen ich, wie sie mir bedeutete, saugen sollte. Aus einer Brust floss Milch und aus der anderen Honig. Am nächsten Morgen erzählte ich Bridge meinen Traum, und er erinnerte mich daran, dass Britannien einst als Insel des Honigs bekannt war: *Yr Fel Ynys*, als Land, wo Milch und Honig fließen, was bedeutete, dass das Land gesund war, denn früher wussten die Menschen, dass sowohl Milch als auch Honig wichtig für Gesundheit und Lebenskraft sind.

Früh am nächsten Morgen ging ich in den Garten und traf auf eine strenge, in Schwarz gekleidete Erscheinung, die beim Tor des Übergangs auf mich wartete. Sie war wie die Dreizehnte Weise Frau, die Hüterin der Schwelle, die überraschend auftretende Gegenspielerin, ohne deren Anwesenheit keine Schwelle überschritten werden kann. Ein Sich-gegenseitig-Bekanntmachen war nicht nötig. Auf mich wartete die Königin der Synchronizität, obwohl ich mein Kommen nicht angekündigt hatte.

Ich hielt die Luft an, als könnte starkes Atmen die Vision vertreiben. Aber sie war vollkommen real. Sie schaute mich prüfend an, wodurch sich augenblicklich meine eigene Konzentration schärfte. Stille und Sonnenlicht legten sich wie Decken um uns, warm und einschläfernd. Gleichzeitig zerschnitt eine durchdringende Spannung die Luft, ein Unbehagen, das ganz im Gegensatz zu den Sonnenstrahlen stand, die einen Ring aus flüssigem Gold um ihre Füße bildeten. Hoch oben in der violetten Ulmenblüte war ich mir schwach der Bienen bewusst, und ich hörte, wie der Herbstwind die Musik der Natur orchestrierte. Und noch weiter oben kräuselte sich das Lied einer Lerche im Blau, und ein Krähenschwarm segelte vorbei und füllte den Morgen mit seinem kehligen, ruhelosen Geschrei.

Die Bienenmeisterin hatte ihren Schleier bedachtsam abgelegt und winkte mich mit einem Finger zu sich. Ihr Alter ließ sich schwer bestimmen, sie konnte zwischen vierzig und siebzig sein. Ich hatte dieses Phänomen schon früher beobachtet: Manche Frauen, die mit spirituellen Kräften außerhalb der Zeit arbeiten, haben etwas Zeitloses an sich. Sie stand ungefähr anderthalb Meter von mir entfernt, mit wie gemeißelt wirkenden Gesichtszügen einer Athletin, olivfarbenem Teint und Augen, die wie Opale schimmerten, was ihrem Blick eine Intensität verlieh, die gleichzeitig verführerisch und beunruhigend war. Ihr langes, blauschwarzes Haar hing wie Tang an ihr und reichte ihr bis zur Taille. Ihre Stimme klang in einem tiefen Bariton, wie ich ihn bis dahin noch nicht und auch danach niemals wieder in einer Frauenstimme hörte. Auch das Tempo ihres Sprechens war außergewöhnlich. Jeder Satz begann mit Worten, die katzenhaft langsam und konzentriert ihr Objekt umschlichen, sich dann auf die Lauer legten, um plötzlich zuzuschlagen und zu töten oder auf und davon zu springen. In gleicher Weise beschleunigte sie ihr Sprechen zu stakkatoartigem Rhythmus, das mit Schattierungen eines osteuropäischen Akzents gefärbt war, jedoch in grammatikalisch präzisem Englisch daherkam, was auf eine gewisse Bildung hinwies. Nun erlebte ich das Wesen, zu dem die Stimme der Schemen und Seufzer gehörte.

«Bridge hat dich geschickt, also nehme ich an, ich sollte

einen Blick auf dich werfen», sagte sie mit einer gewissen Geringschätzung, als sei ich eine Unterbrechung für ihre Arbeit und eine unvermeidliche Zeitverschwendung. Mit einem Mal fürchtete ich, genau das wahrscheinlich auch zu sein. Und inwiefern war ich geschickt worden? Wenn Bridge in dem Ruf stand, nüchtern und sachlich zu sein, vielleicht sogar ungehobelt, dann war die Bienenmeisterin der perfekte Gegenpart.

«Ich möchte, dass du mir zeigst, was du vom Bienenmeister gelernt hast», fuhr sie fort, wobei sie ihren Gegenpart bei dessen formalem Titel nannte und mich die ganze Zeit etwas zweifelnd betrachtete. «Aber ich vermute, zuerst wird es Zeit, dass du meine Melissae kennenlernst.» Mein Herz tat vor Freude einen kleinen Hüpfer, doch ich strengte mich an, setzte ein Pokerface auf und nickte ihr einfach nur kurz zu, worauf sie fragend eine Augenbraue anhob und leise in sich hineinlachte.

Wir gingen in den Obstgarten, und ich schloss das Tor hinter mir. Ich drehte mich um und wollte der Bienenmeisterin folgen. Was ich sah, schien mich in einen Mythos einzuspinnen. Im schattendurchsetzten Obstgarten bewegten sich hier und dort Gestalten bei der Arbeit an den Bienenstöcken. Es waren Frauengestalten, und sie waren in lange Gewänder mit violetten oder purpurroten Borten gehüllt. Sie alle trugen den schützenden schwarzen Bienenschleier, wodurch sich ihre Gesichter nur schemenhaft wahrnehmen ließen. Ich meinte, die Melissa wiederzuerkennen, die mich an jenem Tag überraschte und dann genauso schnell verschwand, wie sie aufgetaucht war. Gelegentlich durchbrachen Wellen von Gelächter das beredte Schweigen. Die Melissa, die am nächsten bei mir stand – jung und von zarter Schönheit, so hätte ich schwören können, obwohl ihr Schleier unerträglich wenig enthüllte –, war dabei, einen verführerischen Sirenengesang zu singen, während sie sich über einen offenen Bienenstock beugte und eine volle Honigwabe heraushob. Ich hoffte, der Gesang gelte mir.

Honigseim träufelt von deinen Lippen, Braut,
Honig und Milch sind unter deiner Zunge,
und der Duft deiner Gewänder
ist wie der Duft des Libanon.
In meinen Garten kam ich, meine Schwester, Braut,
pflückte meine Myrrhe, samt meinem Balsam.
Ich aß meine Wabe samt meinem Honig,
trank meinen Wein samt meiner Milch.
Esst, ihr Freunde,
trinkt und seid trunken von Liebe![17]

Eine andere Melissa war dabei, einem neuen Bienenstock einen frischen Anstrich zu geben. Soweit ich erkennen konnte, hüllte sie ihn in Bilder von Schlangen und Bienen. Dies war eines der charakteristischen Kennzeichen für den Pfad des Pollens: Die Bienenstöcke wurden von Hand mit Kraftsymbolen des Bienenmeisters oder der Bienenmeisterin bemalt.[18]

Die Bienenmeisterin sah, wie ich diese junge Imkerin bei der Arbeit beobachtete, und warf uns beiden einen gestrengen Blick zu. Ich sollte noch lernen, dass kein Falke schneller aufs Handgelenk seines Halters zurückkehrte, als ihre Schützlinge zu ihr kamen, wenn sie sie rief oder ihnen ein Zeichen gab. Die Bienenmeisterin formte ihre Charaktere und prägte ihre Arbeit mit einem unauslöschlichen Siegel.

Die Melissae waren sich in ihrer Gestalt seltsam ähnlich, sie waren ausnahmslos athletische, drahtig schlanke Frauen, deren weibliche Formen trotzdem erhalten geblieben waren. Damals dachte ich, ihr gutes Aussehen sei Folge der körperlichen Arbeit, die mit ihrem Handwerk einhergeht, später aber erfuhr ich, dass zwei von ihnen Schwestern und tatsächlich Sportlerinnen waren. Früher einmal hatten sie als Zirkusakrobatinnen gearbeitet, Feuer gespuckt und mit Macheten jongliert. Die anderen, das erfuhr ich ebenfalls später, waren eine Dozentin, die Permakultur unterrichtete (eine ganzheitliche Philosophie zur Arbeit mit der Natur, die sich auf Praktiken aus der traditionellen Landwirtschaft gründet), eine Ärztin, die zur Ganzheitsmedizinerin geworden war, und zwei Vollzeit-Imkerinnen.

Die Bienenmeisterin unterbrach meinen kurzen Tagtraum und bat mich, einen der Bienenstöcke zu öffnen. Das war eigentlich recht einfach, aber ich hatte das Gefühl, es sei eine Art Prüfung. Ich wurde zur Schau gestellt, und die Melissae beobachteten mich, während sie ihren Tätigkeiten nachgingen. Es schien, dass die Regeln, die Form, die Techniken und der Austausch zwischen diesen Frauen insgesamt mittels Zeichen- und Körpersprache vor sich gingen, wobei Lachen als Universalmittel der Verständigung diente.

Ich näherte mich einem der Bienenstöcke von hinten, fasste den Handgriff am Unterteil des Bienenstockes und hob ihn kurz an, um sein Gewicht zu schätzen. Er war schwer mit Honig beladen, was für diese Jahreszeit ein gutes Zeichen war. Ich nahm mein Räuchergerät und zündete es mit jener Ehrerbietung an, die, wie ich inzwischen durch Erfahrung gelernt hatte, wichtig war. Jede kleinste Bewegung in diesem Tanz ist genauso wichtig wie die nächste, und nichts wird getan, ohne die Etikette der Zeremonie zu beachten. Ich blies Rauch in den Eingang des Bienenstocks, um die Wächterbienen zu besänftigen und sie davon abzuhalten, Alarm zu geben. Währenddessen sandte ich aus meinen Lungen einen tiefen, seelenvollen, rhythmischen Pfeifton als hörbaren Ausdruck meiner friedlichen Absichten. Mit meinem Werkzeug lockerte ich die ineinandergeschobene Bedeckung des Bienenstockes und entfernte sie, nahm die innere Abdeckung hoch und blies noch mehr Rauch von oben in den Bienenstock, der von emsig wuselnden Bienen wimmelte. Sie hatten das leichte Rütteln wahrgenommen und ihre Hinterteile in Abwehrstellung erhoben, sie waren bereit, falls nötig, sofort zuzustechen. Aber das gepfiffene Lied tat seine Wirkung, die meisten fingen an, hinunter zwischen die Rahmen zu klettern, andere kletterten meine Arme hoch. Ich ließ meine Hand auf den Rahmen ruhen und fühlte die Wärme der Bienen, während sie heraufkletterten, nahm wahr, wie die zarten Körper auf meiner Hand zu tanzen anfingen, wobei einige von ihnen den flüssigen Nektar, den sie trugen, auf meiner Handfläche deponierten und wir in Kommunion von Mensch und Tier verschmolzen.

Schließlich hatten wir die gesamte, geschäftig murmelnde Anlage durchmessen und gelangten zurück zum Tor. Ich bereitete mich darauf vor, die Schwelle zu überschreiten und zurück in die Konsens-Welt zu gehen, da richtete die Bienenmeisterin zum Abschluss das Wort an mich: «Im Großen und Ganzen hat Bridge mit dir keine allzu schlechte Arbeit geleistet. Wir sehen uns wieder.» Und damit war ich entlassen.

Nur einen Monat später wurde ich formell zu einem Treffen mit der Bienenmeisterin beordert, diesmal in ihrem privaten Bereich innerhalb der dicken Mauern des Hauses und ohne dass eine ihrer Melissae anwesend gewesen wäre. Bridge hatte gemeint, ich solle unbedingt pünktlich sein, denn die Bienenmeisterin halte sich an die Zeit so exakt wie eine Atomuhr, und das erwarte sie auch von anderen. Ihr Raum wurde von einem riesigen Webstuhl beherrscht. Wir befanden uns mehr oder weniger im Schatten des Geräts, und wie über dem Tor des Übergangs eine geschnitzte Inschrift stand, so war hier ein einziges Wort in ihre Tür geschnitzt: *audmi*, das ist Litauisch und bedeutet ‹webe›.

Als ich eintrat, roch ich Zedernduft, der, wie ich annahm, vom Webstuhl ausströmte. Ich bemerkte auch sechs Stühle, die in einem Sechseck aufgestellt und auf einen überdimensionalen Bienenkorb[19] in der Mitte ausgerichtet waren, der ungefähr 90 Zentimeter hoch und im Durchmesser vielleicht etwas schmaler war. Bestickte Kissen lagen auf jeder Seite des Zimmers, und von den Dachsparren hingen sieben Masken herunter, die ich zu bewundern und zu inspizieren begann. («Sie werden nicht getragen, um den Menschen zu verbergen, sondern um den Gott zu offenbaren», bemerkte die Bienenmeisterin leise.) Ein enormer irdener Ofen stand in der hinteren Ecke und ragte wie ein gigantischer Olivenkrug vom Fußboden bis zur Decke. Geflochtene Zwiebelstränge und fette Schinken hingen an gedrehten Haken von der Decke herab.

Sie führte mich zu einem konventionellen, recht bequemen Stuhl und bot mir aus einem kleinen geschwärzten Kessel ein Glas *Krupnikas* an, einen, wie sie mir erklärte, wertvollen litauischen Honiglikör, einem Metwein ähnlich, angereichert mit Ingwer, Klee, und Muskat. Auf einem Tablett vor mir stand eine kleine Keksauswahl, Nahrung, um einem Rausch vorzubeugen. Die Kekse waren seltsam geformt, und ich konnte nicht anders: für mich sahen sie aus wie Vulven. Ich dachte, es gäbe vielleicht eine entfernte Verbindung zwischen den Melissae und jenen, die genitalähnlich geformte Kekse beim griechischen Fest der Thesmophorien trugen, wie mir Bridge ein Dankesfest zu Ehren der Göttin Demeter beschrieben hatte. Das Fest wurde veranstaltet, um Demeter dafür zu danken, dass sie die Menschheit gelehrt hatte, den Boden urbar zu machen. Die Bienenmeisterin gab mir zu verstehen, dass die Kekse zum Probieren da standen. Sie rochen nach brennendem Torf und schmeckten nach Mitternacht. Sie waren köstlich. Dann nahm sie in einem Schaukelstuhl Platz und ließ sich sanft hin- und herwiegen, wie in einem Boot aus englischem Walnussholz.

Langsam, als trieben wir auf den Wellen eines Meeres aus Zeit und Gezeiten, erschien mir ihre rhythmische Bewegung endlos, und die Wellen schaukelten mich in eine Welt des Nichts, während sie mich gleichzeitig in der Gegenwart verankert hielten. Als sei ich nicht schon berauscht genug gewesen, nippte ich an dem Glas, das sie mir gereicht hatte – und dann wurde das Spiegelbild, das ich erblickt hatte, holografisch, vollständig; ich war ganz und gar darin, mit all meinen Sinnen. Die dem Likör eigenen Aromen erschlossen sich mir; Ingwer, Klee und Muskat strömten in mich und erreichten präzise ihr Ziel. Jeder einzelnen Geschmacksnote dieses Getränks gebührte ein bestimmter Platz in mir, auch wenn ich keine Ahnung hatte, wohin sie strebten. Ich wusste nur eines: Der Trank machte mich scharf, und ich war bereit, die berauschende Umarmung der folgenden Worte zu empfangen.

Ich saß in der Gegenwart der Bienenkönigin und beobachtete, wie ihre Finger und ihr Atem sich mit der Kunst einer Meisterin verbanden, die sich auf das Weben aller Arten von Materie versteht. Alles stimmte sich aufeinander ein – ihr Schaukeln, ihr Atmen und die Bewegung ihrer Finger, bis es nichts mehr gab, kein Staubkorn in diesem Raum, das nicht in Harmonie war. Und endlich, gerade in dem Moment, als ich dachte, die Luft könnte um der Schönheit und Harmonie des Konzertes willen getrost meinen Lungen entnommen werden, begann sie zu sprechen.

«Die Bienenmeisterin weiß, *dass alles aus der Frau geboren wird. Was für dich das Universum ist, ist für uns das Yoni-Versum, die Schöpfung selbst besteht aus süßen Yoni-Liedern. Das Männliche hat niemals irgendetwas geboren. Das Männliche mag Samen, mag Konzept sein, aber ohne den Empfang, ohne die Aufnahme und ohne Kreativität gibt es keine Geburt. Und so sehen wir die Große Yoni als die Leere, als uranfänglichen, ewigen Elternteil, der Urgroßmutter und Urgroßvater enthält, und wir sehen den Urbeginn der Lehren, welche die alchemistische Sexualität betreffen, in der sich unsere Erde als sexuelles Zentrum des Universums offenbart. In der Großen Leere gab es etwas innerhalb des Nichts, ein reines Licht des Herzens, Energie in geistiger Form, und daraus hervorgehend Atem, Einatmen, Aufnahme, Urgroßmutter, das Weibliche, das Ei, das Empfängliche, das Schöpferische. Und dann das Ausatmen, die Explosion, den Samen, das Aktive. Der Elternteil erkannte sich in seinen beiden Tei-*

len und machte Liebe, und daraus erschuf er sich selbst in allen Formen und Dingen. Dies ist das Yoni-Versum, in dem wir unser Dasein haben, und das ist der weitere Zusammenhang für das, was folgt. Es ist für dich an der Zeit, unbewiesene Theorien, falsche Annahmen und abstrakte Ansichten durch ein Bewusstsein für die zahllosen Verbindungen zu ersetzen, die sämtliche Elemente im Rhythmus des Lebens vereinigen. Dabei magst du unser Wissen und unsere Vision entdecken.»

Die Bienenkönigin fuhr fort:

«Für die meisten Menschen im Westen ist die Yoni nichts als Sünde, Scham und Feigenblatt! Aber die Yoni ist kein passives Gefäß, sondern eine Intelligenz, und die Arbeit, die mit dieser Intelligenz getan wird, ist unser Dreh- und Angelpunkt. Keine Religion war in ihrer Praxis für Frauen gut, alle stehen für jahrhundertelange Unterdrückung. Die Frauen auf dem Pfad des Pollens sind voll und ganz in ihrer eigenen Kraft. Nicht so wie Frauen heutzutage, wenn sie bei dem Versuch, jene Macht zu erlangen, die ihnen genommen wurde, die Männer nachahmen. Die Sonne und die Erde konkurrieren nicht, sie sind Gegensätze. Schau dir die Natur an: Wir sehen, dass der Gegensatz das größere Ganze, die Harmonie, hervorbringt. Wettbewerb zerstört. Die Melissae konkurrieren nicht mit Männern, sondern sie wissen, dass ihre Kraft, ihre Macht als Frauen darin liegt, dass sie sinnlich, sexuell, lustvoll, leidenschaftlich, sogar lüstern sein können, und das macht sie nicht zu Objekten, weder für dich noch für irgendeinen anderen Mann. Tatsächlich ist es ihre Macht, die alles zur Welt bringt: Sexualität, Emotion, Geist, Körper und Seele. Unser Schatz liegt im Bienenkorb unseres Wissens, denn wir sammeln geistigen Honig.»

«Die Bienenmeisterin weiß, dass die Melissae zwei verschiedenen Gruppen angehören, zwei Ur-Typen, die sich zu dieser Arbeit hingezogen fühlen: dem mütterlichen Typus und dem magnetischen Typus. Jede meiner Töchter, jede meiner Melissae, neigt in unterschiedlichem Maß dem einen oder anderen Pol zu. Wenn sie rein zum mütterlichen Typus gehört, wird sie um wenig mehr bitten, außer darum, Jahr um Jahr befruchtet zu werden und für ihre Nachkommenschaft zu sorgen und diese zu beschützen, sei diese Nachkommenschaft ein Ritual, ein heiliger Traum oder ein Kind aus Fleisch und Blut. Wenn sie dem magnetischen Typus zugehört, und wenn sie wirklich zu ihrer Natur steht, dann wird sie sich keinem verweigern, der sie im Namen der Tradition in Anspruch nimmt. Berufen von den Mächten der Weiblichkeit in ihr selbst, ist sie von Natur aus wurzellos, sie ist eine Einzelgängerin und bewegt sich frei und ungebunden. Wenn sie sich selbst treu ist, bindet sie sich über die immerwährende Kommunion mit dem Bienenstock hinaus nicht einmal eine einzige Stunde lang. Vivienne hast du schon kennengelernt, nicht wahr?», fügte sie hinzu, um mir ein Beispiel für diesen Typus zu nennen. Ich erfuhr, dass Vivienne, gemeinsam mit ihren Kolleginnen Morag und Katharina, zum magnetischen Typus gehörte, während Devorah, Fionulla und Nivetta den mütterlichen Typus verkörperten. Die Bienenmeisterin wechselte mühelos auf die Ebene der Metaphern.

«Das soll heißen, es gibt einen Typus von Biene, der von Blume zu Blume fliegt und aus jeder köstlichen Blüte Nektar saugt. Dabei nimmt sie Pollen von dieser Blüte auf und legt ihn in jener ab, wodurch sie den Pollen überall verteilt und sämtliche Pflanzen bestäubt. Dadurch blüht der Garten. Zurück im Bienenstock deponiert sie den an Pollen reichen Nektar in gemeinschaftlichen Gefäßen. Mit der Zeit reift der Nektar zu Honig heran – dunkel, schwer und süß, die sichtbare Gabe an das sichtbare Antlitz der Geister.»

«Es gibt noch einen weiteren Bienentypus, der auch von Blume zu Blume fliegt, aber keinen Nektar aufnimmt. Stattdessen verleibt sich diese Biene die Blüte mit all ihren Sinnen ein, indem sie den Duft einatmet, den Geschmack kostet und die Farbe aufnimmt. Sie saugt das Lied der

Freude auf, das durch das Sonnenlicht auf den Blüten-blättern hervorgerufen wird. Zurück im Bienenstock teilt auch sie ihr Geschenk mit der Gemeinschaft. In einem Kreis versammelt, verleiht jede Biene im Tanz dem Segen Ausdruck, den sie gesammelt hat: sie tanzt die Freude, die Pracht und das Entzücken. Eine nach der anderen fügen sie ihren Anteil hinzu und füllen so den Kessel im Zen-trum. Danach tanzen alle gemeinsam um den Kessel he-rum und preisen das sichtbare Antlitz der Geister. Diese Mischung reift und fermentiert zu einem Honig, der eben-so köstlich und süß ist wie der allgemein bekannte Honig, für die meisten Menschen jedoch vollkommen unsichtbar bleibt. Als einer, der auf dem Pfad des Pollens unterwegs ist, wirst du diesen Honig vielleicht ausfindig machen – da du der letzte Schüler des Bienenmeisters bist, steht dir das zu –, und falls du diesen Honig findest und trinkst, so wird ein einziger Tropfen dich für immer verwandeln.»

«Die Melissae bilden somit zwei Gruppen mit je drei Schwestern. Mythisch gesehen sind sie wie die Parzen, die Nornen oder die Moiren. Die Melissae haben die Funkti-on einer Priesterin und stellen süße Elixiere her, die ihre Fruchtbarkeit gewährleisten, sie zugleich aber autonom bleiben und ihre Sexualität und sexuelle Reproduktion selbst bestimmen lassen. Dazu gehört auch die Kontrolle des Flusses ihrer Mond-Säfte.»

«Du weißt, dass der Honig unseren Vorfahren heilig war. Die Priesterinnen von Eleusis waren auch als Me-lissae bekannt und ihr Tempel als Bienenstock. Auf dem Pfad des Pollens steht der Tempel, der Bienenstock, für den Körper einer Melissa. Die Honigwabe symbolisiert das, was im physischen Körper enthalten ist, den alche-mistischen Körper, in dem die kostbarsten Nektare[20] und Aromen irdischer Erfahrung kreiert werden.»

«Die Biene und die Melissa tragen in den Bienenstock, was in der Blume lebt. Wenn du darüber nachdenkst, wirst du das Geheimnis entschlüsseln, das wir in uns tragen. Das lebendige Element dieser sexuellen Kraft, die über die

Blüte gestreut wird, ist auch im Honig enthalten, den die Biene erzeugt. Was bewirkt dieser Honig? Er ruft sinnliches Vergnügen hervor, besonders auf der Zunge. Wenn er aufgenommen wird, erzeugt er einen Kreislauf der Kraft zwischen der sexuellen Kraft, dem Geist und dem Gefühl. Weil die Bienen am stärksten von kosmischen Kräften beinflusst werden, kann der Kosmos darüber hinaus seinen Weg in die menschlichen Wesen finden, indem er sie über seine Vereinigung mit der Biene darin unterstützt, zu den Menschen zu werden, die sie wirklich sind, bevor ihnen gesagt wird, wer sie sein sollten – von Eltern, Schule und Kultur.»

«Die Nektare sind einzigartige Flüssigkeiten. Sie entstehen im Körper der Melissae – und wir sollten nicht vergessen, dass wir, wenn wir Honig von der Biene essen, eine sehr süße und reine Form von Ausscheidung zu uns nehmen, denn der Nektar, den die Biene in ihrem Magen sammelt, wird anschließend erbrochen. Die Nektare, die von den Melissae produziert werden, sind ein spiritueller Honig. Genau wie es der Biene auf ihrer Zunge, in ihrem Mund und ihrem Magen eingeschrieben ist, dass sie Honig machen soll, so ist in unsere Augen, Ohren, Mark und Schoß eingeschrieben, dass wir transformieren, was wir von bestimmten Dingen auf der Erde aufnehmen und in bestimmte Arten von spirituellem Honig umwandeln – in die Nektare. Wir sind dazu geschaffen und getrieben, diese kostbaren Flüssigkeiten herzustellen. Wir Melissae folgen einer unergründlichen Berufung.»

«Die Melissae arbeiten mit ihren inneren Sternen, von denen jeder auf einen äußeren abgestimmt ist und mit spezifischen Körperdrüsen in Verbindung steht, mit der Zirbeldrüse, Hypophyse, Schilddrüse, Nebenschilddrüse, Thymus, Bauchspeicheldrüse, Nebenniere und Eierstöcken. Ihre Arbeit besteht darin, Nektare herzustellen. Diese Nektare werden produziert, wenn eine Melissa zu einer Blume wird, wenn sie wird zu ›Eine-die-Fließt‹, zur ›flower‹, zur Fließenden. Es gibt zehn Nektare, sie verkörpern *die Formel neun plus eins. Der letzte Nektar, der zehnte, ist unsichtbar und darf dem Eingeweihten nur zugänglich gemacht werden, wenn dieser dafür bereit ist, ihn aufzunehmen. Wenn er zur Aufnahme nicht bereit ist, wird der Nektar zu einem Gift, das tödlich sein kann.»*

Wenn ich es richtig verstand, erklärte mir die Bienenmeisterin damit, dass diese Nektare eine Form von psycho-kosmischen Flüssigkeiten sind, die in den Körpern der Melissae wie in einem Laboratorium erzeugt und destilliert werden. Die Bienenmeisterin erklärte weiter, dass jeder der Nektare eine andere Stimmung trägt, eine andere Anwendungsweise erfordert und eine andere Wirkung hat. Sie sprach von ihnen als den Zehn Nektaren der Blume. Der erste war Urin: Nektar des Goldenen Regens, dessen Symbol ein abwärts gerichtetes, von einem Blitz in zwei Teile gespaltenes Dreieck war. Als ich fragte, wofür man diesen Nektar wohl verwende, schwieg sie eine Weile, während der sie anscheinend überlegte, was für ein Beispiel sie mir passenderweise nennen könnte. Schließlich antwortete sie und gab an, dass durch das «Wasserlassen» auf den Körper einer Frau, die bei diesem Ritual die Erde repräsentiert, Regen hervorgerufen werden könne. «Aber das ist eine sehr elementare Verwendungsart dieses Nektars», fügte sie hinzu, «eine Lockerungs-Übung, könnte man sagen.» Weiter erklärte sie, dass Urin hinsichtlich seiner Wirkung und Anwendung als schwächster aller Nektare galt.

Das zweite heilige Sekret, Menstruationsblut, hieß Nektar des Mondtaus und trug das Symbol der *Vesica Piscis*, ein Symbol für die Vulva. «Unsere Weisheit ist nicht klar und dünn wie Wasser, sondern dick und dunkel wie unser Mondblut», intonierte die Bienenmeisterin. Ein Überblick der anderen Nektare – Salben, Sirup, Tau, Säfte, Ausströmungen und Strahlen – folgte. Jeder einzelne Nektar hatte, so verstand ich es jedenfalls, sein eigenes Symbolsystem, seine eigenen Farben und Rituale zur Aktivierung und Übertragung. Der zehnte Nektar – sein Symbol ist eine dreidimensionale Lemniskate – ist namenlos, unaussprechlich. Die Bienenmeisterin fuhr fort: «So wie die Biene die Arbeit ausführt, für die sie bestimmt ist, die Befruchtung von Pflanzen und Bäumen und die Bereitstellung von überschüssigem Honig für die Menschheit, so befruchten die Melissae auf ihre Weise und erzeugen Honig für sich selbst.»

Während sich die Geschichte der Melissae weiter vor mir enthüllte, lernte ich, dass diese bezaubernden Frauen ein dreigliedriges System von Schwesternschaften innerhalb der Schwesternschaft des Bienenstocks bilden. Die erste ist die Schwesternschaft der Spinnerinnen. Sie konzentrieren sich auf das Kunsthandwerk. Hier lernen die Melissae, den Bienenstock zu bauen, Stock und Verse, Herd und Heim zu erbauen und zu gestalten und in allem kreativ zu sein. Sie lernen auch die Kunst des Spinnens, jenes uralte Kunsthandwerk der Spinne, die einen Faden oder einen Stoff webt, der das Leben von Menschen darstellt: Sie lernen, Netze aus Sieg und Schicksal zu knüpfen. Sie sind klug und fleißig. Manchmal haben sie die Macht, das Schicksal eines Menschen und sogar dessen Tod zu weben, so wie in dem Lied, das mir die Bienenmeisterin leise vorsang:

Feine Kette, guter Schuss,
web ein Netz, das Leben ruft.
Guter Schuss und feine Kette,
web ein Netz zum Totenbette.

«Die Geschichte der Spinnerinnen findest du in konzentrierter Form in der Entwicklung von Flachs, Baumwolle und Wolle wieder», fügte sie hinzu, bevor sie mir von einer Melissa erzählte, die mit Orakeln und Weissagung arbeitete; mit einer Tradition, die aus Delphi stammt, wobei das Orakel von einem Bienenschwarm enthüllt wurde. Tatsächlich wurde die *Pythia*, die prophetische, mantische Priesterin im Apollotempel von Delphi, liebevoll ‹delphische Biene› genannt.

Die zweite Schwesternschaft ist die Schwesternschaft der Weisen Jungfrauen. Diese Frauen erlernen die Prinzipien, die dem Leben und der Arbeit einer Frau zugrunde liegen. Sie werden in medizinischen Fähigkeiten unterwiesen, die mit dem Bienenstock verbunden sind. Ihnen werden auch die Sieben Geheimen Lieder des Bienenstocks beigebracht, und sie lernen, wie sich die Botschaft der Tradition darstellen und die Kunst des Geschichtenerzählens meistern lässt: nicht als Zeitvertreib, sondern als Zauber, mit dem Geschichte zum Leben erweckt wird, was es den Zuhörerinnen erlaubt, in die Landschaften der Geschichte einzutreten.

Die dritte Schwesternschaft ist die Schwesternschaft der Feen oder Feenfrauen. Sie sind keine Bewohnerinnen von Elfenland, sondern vielmehr Menschenfrauen, die sich zu Meisterinnen der Zauberkünste und der Weisheit bilden, welche diesen Künsten zugrunde liegt. Die Melissae dieser Schwesternschaft sind in die Prinzipien der magischen Paarung und in die Künste des Formwandelns und Fliegens eingeweiht. Sie sind Meisterinnen der Sexualität und vermögen somit zu wählen, ob sie schwanger werden wollen oder nicht. Mit dieser verborgenen Kunst lässt sich kontrollieren, ob das Spermium ein Ei trifft oder nicht, doch das macht nur einen bescheidenen Teil ihrer Geheimnisse aus.

Die Bienenmeisterin beendete ihre Unterweisung, nahm ein kleines Glöckchen von ihrer Anrichte und klingelte sanft. In vollkommener Stille öffnete sich eine Tür und zwei der Melissae traten ein. Sie trugen ihre zeremoniellen Gewänder, diesmal aber unverhüllt. Es waren Vivienne und Devorah, die, wie ich richtig annahm, fortgeschrittene Melissae waren und den magnetischen und mütterlichen Aspekt verkörperten.

Die Bienenmeisterin stellte uns einander vor. «Dies ist der Schützling des Bienenmeisters», begann sie, «und dieses sind meine fortgeschrittenen Melissae, Devorah und Vivienne. Sie sind hier, um zu sehen, was auf dich wartet, und damit ich sehen kann, welchen Typus du bevorzugst. Devorah[21] wird ihren Rang und ihre Pflicht als *Pythia* und Orakel einnehmen, und Vivienne wird die Stärken und Schwächen deiner Fähigkeiten im Umgang mit der vertikalen und horizontalen Polarität erkunden, sowie deine Fähigkeit, den Kreislauf der Kraft zu erzeugen.»

Damit erhob sich die Bienenmeisterin, zog sich zurück und ließ uns drei im Raum stehen. Mir war es peinlich, denn ich hatte nicht den leisesten Schimmer, was ich hätte sagen sollen. Im Gegensatz dazu blieben die Melissae in ruhigem Vertrauen zurück. Es war klar, dass sie nicht sprechen würden. Mir kam in den Sinn, was Bridge zu diesem Thema gesagt hatte: »Sprache übermittelt die Gedanken des Sprechers, aber wir können die subtile Bedeutung von Worten erst dann erfassen, wenn wir uns von allen vorgefassten Ideen lösen und wenn wir, ohne uns auf die eigene Meinung zu beziehen, was das Verständnis verschleiert, einfach nur zuhören. Daher ist Schweigen oft das bessere Mittel der Kommunikation.» Er hatte außerdem gesagt, dass in jedem Augenblick jeder einzelne Gedanke und jede Geste den unsichtbaren Faden formen, auf den die Parzen Muster unseres Schicksals weben, das wir uns, wissentlich oder unbewusst, selbst bereiten.

Ich schaute sie an und versuchte ein freundliches Lächeln, das mir jedoch zu einem zweifelnden, verunsicherten Blick geriet. Das wurde ignoriert. Wussten sie, dass ich keine Ahnung hatte, was ich erwarten sollte? Vielleicht dachten sie, ich sei Experte oder ich sei in dem, was folgen sollte, zumindest unterwiesen worden. Ich versuchte, langsam und tief zu atmen, um mich zu beruhigen, und ich versuchte, die Melissae zu erfassen. Einatmen, ausatmen.

Devorah hatte eine der Masken von der Wand[22] genommen. Es war das Gesicht einer alten Hexe mit einer großen Hakennase und zwei flatternden Zungen. Sie begann, ein Bündel von der Größe eines neugeborenen Kindes auf einem kleinen Tisch auszuwickeln.

Devorah hatte einen blassen Teint und glänzendes goldenes Haar. Eindeutig für eine Zeremonie gekleidet, trug sie ein kleines Krönchen auf ihrem Kopf, von dem ein Schleier aus goldenem Stoff herabfloss. Ihr Kleid war schwarz, aber mit goldenen Mustern bestickt. Ihr zartes Profil wirkte, als sei es von einem Künstler modelliert, ihre Nase war schmal und leicht gebogen, ihre Stirn so voll und offen, dass es ihrem Gesicht eine männliche Note verlieh. Sie war perfekt proportioniert, neigte jedoch zur Magerkeit, was durch ihre vollen Hüften und deren kraftvoll lockeren Schwung, mit dem sie sich um den Tisch herum bewegte, abgemildert wurde.

Vivienne war vollkommen anders. Dunkelhäutig und mit schönen Zügen war sie eine echte Tochter Ägyptens, mit einem ovalen Gesicht und widerspenstigem, rabenschwarzem Haar, das sich wie die Schlangen-Locken der Medusa zu drehen und zu winden schien. Aber all das wurde bedeutungslos angesichts ihrer tiefliegenden Augen, die einen Glanz und eine geheimnisvolle Wildheit hatten, die mir verlockend erschien und mich mit unglaublich starkem Verlangen erfüllte. Ihre Augenbrauen waren so stark, dass sie eine durchgehende Linie in ihrem Gesicht zu bilden schienen, was finster und faszinierend zugleich wirkte. Sie stand und schwieg, eine weibliche Herme, und blickte abwechselnd zu ihrer Schwester-Melissa und zu mir, wobei sie ihre Intensität wie ein Gewand trug.

Dann ging sie zum entgegengesetzten Ende des Raumes und schlüpfte hinter den Webstuhl, so dass sie teilweise außer Sicht war. Ihre Bewegungen hatten etwas Pantherhaftes und jede Handlung war brüsk, als ob sie getrieben würde, einem Impuls zu folgen. Sie öffnete einen Schrank und nahm etwas heraus, das wie die Haut eines großen Hirschs aussah. Sie brachte sie hinüber zu Devorah und hing sie über einen dreibeinigen Stuhl, auf den Devorah sich nun setzte. Selbst die Kurve ihres Handgelenks war voller natürlicher Anmut, als sie die Haut über den Stuhl drapierte.

Dann drehte sich Vivienne um und trat auf mich zu. Auf Armeslänge, wo unsere Schatten sich trafen, blieb sie stehen. Mit einem Mal schloss sie ihre Augen und enthüllte sich. Im Gegensatz zu den brüsken Bewegungen kurz zuvor enthüllte sie sich langsam, Schicht um Schicht. Die Schichten fielen wie Gänsedaunen zu Boden, vom Kopf bis zu ihren Zehenspitzen. Verstohlen warf ich Devorah einen Blick zu, während diese Harz auf ein Stück brennende Kohle legte, das sie aus dem Herdfeuer genommen und in eine kleine irdene Räucherschale gelegt hatte. In dem dicken Rauch, der zu ihr hochstieg, begann sie mit ihren Händen eine kreisförmige Bewegung auszuführen, als winke sie eine unsichtbare Welt herbei. Dann senkte sie ihren Kopf, tauchte das Gesicht in die Wolke des aufsteigenden Rauchs und inhalierte tief.

Ich wandte meine Aufmerksamkeit wieder Vivienne zu und beobachtete sie. Sie stand mit geschlossenen Augen da, die sich nun sehr schnell unter ihren Lidern bewegten, und ich hatte das Gefühl, ich würde ein Geheimnis anstarren. Langsam öffneten sich ihre Augenlider, und ihre Augen – vor Klarheit leuchtend – trafen die meinen. Sie bog ihren Nacken leicht zurück und öffnete ihren Mund. Ich sah, dass sie ihre Zunge an den Gaumen gepresst hatte, und sie bedeutete mir, das Gleiche zu tun. Als ich meine Zunge an meinen Gaumen presste, fühlte ich, wie meine Nervosität dahinschmolz, während sie einen beruhigenden, hypnotisierenden Strom aus Klängen aussandte. Ich sollte bald erfahren, dass diese pechschwarzen Augen sowohl beruhigende Gleichmut ausstrahlen als auch Funken sprühen konnten, wenn sie erregt war. Aber jetzt nahm sie mich lautlos in die Ruhe mit und begann, sich sanft zu wiegen, ihr Bauch und ihr Atem im gleichen Rhythmus vereint, während sie tief in ihren Unterleib atmete und ihre Lungen wie einen Blasebalg arbeiten ließ. Der mystische Ritus hatte begonnen.

Nach ein paar Augenblicken hob sie Arme und Hände nach oben, beugte die Arme in den Ellenbogen und brachte beide Handflächen wie bei einem Gebet vor sich zusammen. Sie zeichnete die Umrisse eines großen Stundenglases der Unendlichkeit in die Luft, und beschrieb dabei einen Kreis hoch über ihrem Kopf und hinunter bis zu ihrer Taille, wobei sich das Muster in Höhe ihres Herzens kreuzte. Während sie diesen seltsamen Ablauf in der Luft wiederholte, war es, als richte etwas oder jemand einen Docht in ihr auf; im Nu wurde sie heller und heller. Jeder Ablauf umfasste einen vollen Atemzug, wobei sie bei der Aufwärtsbewegung einatmete und bei der Abwärtsbewegung ausatmete. Ihre Arme waren eine Schlange, die sich durch die Äste eines Baumes hinaufwand.

Während sie ihren Körper hin- und herwiegte, begann sie, mit ihren Füßen die Form eines Diamanten nachzuzeichnen, wobei sie mich die ganze Zeit anstarrte, ohne zu blinzeln. Auch ich sollte diese Bewegungen ausführen, so viel wusste ich. Also reagierte ich, indem ich sie nachahmte, zunächst mehr recht als schlecht, dann langsam flüssiger. Als ich schließlich den Rhythmus gefunden hatte, löste sie ihre Handflächen voneinander und hielt sie zu mir herüber, die rechte Hand über die linke gekreuzt, mit ausgestreckten Handflächen und Armen. Wieder spiegelte ich sie, wodurch meine Handflächen die ihren trafen. Nun erkannte ich, dass unsere Körperbewegungen jeweils die eine Hälfte des *Lemniscus Infinitorum* darstellten und dass wir nun, da sich unsere Hände wie bei dem alten Hochzeitsritual des *Handfasting* trafen, das Symbol noch einmal wiederholten. Aber was für ein zeichnerischer Kreislauf der Unendlichkeit, was für ein perichoretischer Tanz wurde hier aufgeführt?

Devorah, nun maskiert, hatte begonnen, mit ihren Füßen einen langsamen, monotonen Rhythmus zu klopfen, und als Antwort darauf begann Vivienne, im Kreis zu gehen. Ich folgte ihr, und gemeinsam bildeten wir mit unseren Füßen das Äußere eines Kreises, während der Rauch aus der Räucherschale sich verdichtete. Nach und nach wurde Devorahs Klopfen schneller und härter, und wir wurden in unseren Bewegungen mitgerissen. Wir hielten einander weiter fest, doppelte Zwillingskreise trafen sich in einer rollenden Rotation. In dem Maße, wie unsere Geschwindigkeit zunahm, weitete sich unser Kreis, immer rundherum, als würden wir einen Kinderreigen inszenieren oder einen traditionellen Volkstanz aufführen. Doch die Bahn dieses Tanzes reichte weit über den Spielplatz oder den Tanzsaal hinaus.

Peripher sah ich Devorah, die Pythonesse, wie sie auf ihrem Thron aus Häuten saß, ihr Körper schwang mit einer seltsamen zuckenden Hüftbewegung, als würde eine s-förmige Macht dabei von ihr Besitz ergreifen. Ihre goldenen Locken fielen ihr übers Gesicht, als sie in gutturalen, andersweltlichen Stimmen schnarrende Laute und dunkles Lachen ausstieß, als sei sie eine Schlange, die nicht anders konnte, als zu singen. Die Einschnitte in der Maske ließen sie so aussehen, als ob zwei Ströme von Blut aus ihrem Mund rannen.

Aber es waren Viviennes Augen – so dunkel wie ein Gewittersturm –, die meine Aufmerksamkeit in ihren Bann zogen. Nun lag eine furchteinflößende magnetische Triebkraft in ihrem Tanz, als würde ein Teil von ihr sich dem unbändigen Zugriff einer dunklen Gottheit hingeben. Ihr Körper drehte sich schneller und schneller, der Klang von Devorahs Füßen wechselte zu einem dumpfen Schlagen und dann wurde aus dem Schlagen ein Aufstampfen, begleitet vom Dröhnen in meinem Kopf und von meinem eigenen rasenden Herzklopfen. Das ging weiter und immer weiter, und die ganze Zeit wirbelten wir unablässig in einer Kreisbewegung herum, Drehung um Drehung. Schweiß rann mir übers Gesicht, und in meinen Venen pulsierte eine herrlich berauschende Freiheit. Viviennes Augen hielten mich so eisern fest wie der Griff ihrer Hände, doch die Anstrengung, die wir in diesen Tanz einbrachten, nahm ab, als würden wir nun eine eigene Zugkraft besitzen.

Und dann sah ich das Entsetzliche, das Schreckliche und das Schöne: Ihr Mund begann sich zu verändern, er wurde größer und dehnte sich auf grobe Weise aus. Ihre Lippen schlossen sich, und eine übernatürliche Zunge, so etwas wie ein verlängerter Saugrüssel, tauchte aus diesem geschlossenen Spalt auf und streckte sich mir entgegen. Ich sah, dass sich auch aus meinem Mund ein Saugrüssel zu formen begonnen hatte, der eine suchte den anderen wie zwei blinde Würmer. Die Rüssel trafen einander wie fleischige Trompeten, und zwischen den beiden Kreaturen, die aussahen wie zwei unförmige Zwillingskolibris, wurden wild und geräuschvoll Flüssigkeiten ausgetauscht. Ich wurde mit süßen Säften gefüttert, mit einem Nektar und Kraftstoff – aber von welch seltsamem Gott?

Licht wirbelte vor meinen Augen, als müsse der Geschmack des Nektars sich auf einem anderen Sinneskanal Bahn brechen, weil er für den Geschmackssinn allein zu starke Kost war. Und in diesem Verschlingen erkannte ich ihre äußeren Blütenblätter und ihre inneren Kelchblätter, und ich fühlte mich wie eine Biene, die in das Allerheiligste einer Blüte sinkt. Ich fühlte ihren Herzschlag gegen meine Brust, pochend, als wäre es eine Maschine, die diesen Planeten sich drehen ließ, sie und ich gewaltsam aneinandergebunden. Aus weiter Ferne erklangen Worte des Bienenmeisters und durchquerten die ungeheure Ausdehnung meines weit und leer gewordenen Geistes: «Der Kelch ist die Brautkammer, in der das Staubgefäß und der Stempel ihre Hochzeit feierlich begehen.»

Und in all dieser Honiglust drehten wir uns immer weiter, in immer engeren Kreisen. Und wir bewegten uns noch schneller, wirbelnd und hochschießend im Drehtanz der Materie und über ihn hinaus; die physische Welt um uns herum fiel in unheiligem Chaos wie ein riesiger vermodernder Termitenhügel in sich zusammen, wich einem Raum wie einem verschwommenen Schneesturm aus Körperlichkeit und Materie.

Das Stampfen der Füße hörte auf. Das bisschen Licht war verschwunden. Wir waren umgeben von Sternen und Schweigen. Untrennbares Drehen war alles, was blieb.

Es war kalt. Wir waren im Flug, befanden uns auf einer dunklen Umlaufbahn, außerhalb der Zeit, schleuderten durch ein kosmisches Muster des Unendlichen, flogen von der Erde zu anderen Planeten, zu einem Wohnsitz in den Sternen. Ich verlor meinen Halt und fiel. Ich öffnete meinen Mund, um zu schreien, aber mein Schrei war lautlos. Ein Seil erschien, um mich durch den Spalt zu ziehen, der uns trennte, und als ich es ergriff und zu ihr hingezogen wurde, sah ich, dass das Seil eine fleischige Schlingpflanze war, die aus ihrem Bauch hervortrat.

Meine ausgestreckte Zunge wagte sich in den Kelch der Blüte vor. Sie glitt vorwärts und machte sich so lang wie möglich, um den erhabenen Extrakt zu erreichen, den unsichtbaren Nektar, und gleichzeitig bog sich meine Zunge auf ihrer ganzen Länge zur Mitte hin, so dass sie zu einer Röhre wurde, mit der sich Flüssigkeit aufsaugen ließ. Wir verkörperten eine alchemistische Formel, bildeten ein menschliches Laboratorium aus Kessel und Ofen. Wir reisten auf einer wirbelnden Spur, durch einen Trichter, in dem wir uns bewegten und der sich in uns bewegte, und während sich die Lemniskate ausdehnte, verzerrten sich Klang und Schwingung, als sei der Klang selbst gekrümmt worden, während wir mit unvorstellbarer Geschwindigkeit direkt auf die Unendlichkeit zurasten.

Meine inneren Sterne konstellierten mit Planeten in einem beeindruckenden Muster der Unendlichkeit, verbunden wie die Saiten einer himmlischen Harfe. Sichtbare Harmonien schufen Sphärenmusik, verbanden den einzelnen Menschen mit den lebendigen Planeten unseres Sonnensystems, jeder bildete mich, fütterte mich, stärkte mich.

Wir drehten uns weiter mit unglaublicher Geschwindigkeit, der Druck, das Gewicht und die Größe der Unendlichkeit hämmerten gegen meinen Kopf, und ich erkannte, dass ich als Höhepunkt dieses Hochzeitsfluges in die Sonne gezogen wurde. Wir hatten keine menschliche Form mehr. Fleischige Fruchtknoten-Beutel, die Samen enthielten, waren alles, was von uns blieb: eine Narbe mit klebriger Hülle, Taschen mit auf Stielen gelagerten Pollen, die sich um einen zentralen Stempel ballten. Ich wusste nicht, wie lange ich diese glühende Hitze noch würde ertragen können, oder ob sie mir süße Erlösung gewährte. Aber dann fühlte ich, dass ihr Körper sich zusammenzog, wie eine sich ballende Faust. Die Erwartung spannte sich wie eine Sprungfeder in mir, fester und fester, pochend und stoßend, um dann in einem Feuersturm der Sinnesempfindung zu explodieren. Wir erbebten gemeinsam im Höhepunkt und verschmolzen in Ekstase, als von ihrem Tor des Lebens Wellen aus goldenem Licht ausstrahlten. Ein blendendes Licht aus explodierenden Sonnen ging mit diesem Ausströmen einher, und wir weilten im Herzen der Ewigkeit, die Zeit brauste an uns vorbei.

Ich brach zusammen, während ich mich immer noch drehte. Vivienne lag welk, feucht und leblos neben mir. Die heilige Ergriffenheit war vorüber, die rituelle Verkörperung der universellen Essenz abgeschlossen. Ich lag still, unfähig, mich zu bewegen, innerlich überwältigt von dem, was geschehen war. *Ich habe einen Körper*, erinnerte ich mich.

Das Feuer in der Ecke war heruntergebrannt, und die Nacht hatte sich verändert; nur eine Rauchwolke trieb noch vorbei. Durch diesen dunklen Rauchschleier sah ich die Bienenmeisterin den Raum betreten. Sie schaute kurz zu Vivienne und zu mir und dann zu Devorah, mit kaum merklichem fragenden Nicken. Devorah antwortete mit einer einzigen prophetischen Äußerung. Sie sagte: «Abgesandter.»

7

Vitamin Pan

Oh ziegenfüßiger Gott von Arkadien!
Diese moderne Welt braucht Dich!
OSCAR WILDE

Es war ein trüber, nieseliger Tag in Monks Bench. Ein niedrighängender, monotoner grauer Himmel hatte die Bienen, diese hingebungsvollen Verehrerinnen der Sonne, zurück zu ihren Stöcken gesandt. Schon beim allerleichtesten Regen pflegten sie zu verschwinden.

Im Inneren des Hauses war es gemütlich; der Ofen brannte vor sich hin und verströmte unaufdringlich den Duft vom Holz eines Apfelbaumes. Der Bienenmeister saß mir in einem der beiden großen, abgesessenen Stühle gegenüber, die zu beiden Seiten des Herdes standen. Es war ein makelloser und spartanischer Raum, der vor nährender Energie überquoll, deren nähere Herkunft auszumachen unmöglich war. In diesem Haus gab es nichts Überflüssiges, aber der einfache Reichtum eines Raumes, in dem alles seinen Zweck hatte, ließ die bloße Anwesenheit darin immer wieder erfüllend sein.

Bridge hatte mir gegenüber gelegentlich erwähnt, es sei nun an der Zeit für ihn, die Herstellung eines speziellen Werkzeuges zu erklären, welches von den männlichen Praktizierenden auf dem Pfad des Pollens verwendet wurde. Ich stellte mir vor, es handele sich um eine Art Instrument für die Arbeit mit den Bienen, vielleicht so etwas wie einen Smoker oder das *Tanging Quoit* – ein Spezialwerkzeug für den Meister der Künste.

Bridge, der wie immer direkten Zugang zu meinen Gedanken hatte, lächelte wohlwollend und antwortete, dass ja in gewisser Hinsicht das Werkzeug tatsächlich für die Arbeit mit den Bienen verwendet wurde, aber weniger direkt als die anderen Werkzeuge, die ich bis dahin kennengelernt hatte.

«Das Werkzeug, das du herstellen wirst, Twig, heißt bei uns Ahnenstab.[23] *Der Bienenmeister weiß*, dass der Ahnenstab die Wiedererschaffung des Schwanzes des ersten Bienenmeisters symbolisiert, eines Wesens, das wir einfach als den Zauberer kennen.»

«Der erste Bienenmeister hatte einen Schwanz?», unterbrach ich ihn mit kaum verhohlener Überraschung, fast schon Unglauben. «Und warum wurde er Zauberer genannt?», fügte ich hinzu. «Ist das nicht ein abwertender Begriff?»

Bridge machte eine Pause, vielleicht traf ihn mein überraschter Gesichtsausdruck, oder vielleicht zweifelte er auch daran, dass ich den Inhalt seiner Lektion begreifen würde, mit der er jedoch fortfuhr. Ich merkte, dass ich anfing, mich irgendwie ungemütlich zu fühlen und zappelig zu werden.

«*Der Bienenmeister weiß*, dass der Zauberer solch eine überwältigende Zuneigung für die Honigbiene empfand, dass er tatsächlich seine Gestalt gewandelt hat. Er transformierte seine physische menschliche Erscheinungsform und nahm gewisse physische Merkmale eines Hirschbocks an, so wie für ekstatisch ergriffene Christen aufgrund der Tiefe und Intensität ihrer Hingabe das Auftreten der Wundmale Christi im Bereich des Möglichen liegen mag. Und warum gerade ein Hirsch? Der Zauberer *weiß*, wie alle Bienenmeister, dass der Hirsch ein Tier ist, welches den großen Gott Pan, eine gehörnte und behufte Naturgottheit, repräsentiert. Du erinnerst dich daran, was ich dir über das Vitamin erzählt habe, das durch den Kontakt mit Pollen entsteht – Vitamin P? Nun, in vielen älteren Büchern über Bienenhaltung gilt Pan – halb Ziegenbock, halb Mensch – als Beschützer der Bienen. So kennen wir ihn.»

Er zog ein altes Buch aus seinem Bücherregal und öffnete es auf einer Seite, auf der die Zeichnung eines gehörnten, dem Priapus ähnlichen Ziegen-Mannes zu sehen war. Darunter stand eine Bildunterschrift in Latein, die er so übersetzte: «Nachdem ich die Hänge des Mons Maenalus verlassen habe, verweile ich hier, um die Bienenstöcke zu bewachen, auf der Hut vor ihm, der die Bienen stiehlt.» Dann zog Bridge eine kleine Silbermünze[24] aus seiner Tasche und schnippte sie zu mir herüber. Ich fing sie aus der Luft und schaute sie mir genauer an: Auf der einen Seite war eine Biene abgebildet, auf der anderen ein Hirsch. «Die Biene und der Hirsch, Twig. Diese Münze wurde vor ungefähr zweitausend Jahren in Griechenland geprägt; der Hirsch und die Biene, damals und heute sind sie vereint.

«Denke darüber nach, Twig: Das wichtigste Symbol der Biene ist die Lemniskate und das wichtigste Symbol für den Hirschen ist der Kreis mit dem Halbkreis darüber, also jenes Symbol, das in der Astrologie für das Zeichen des Stiers steht. Anders ausgedrückt: Das Symbol des Hirsches ist eine Lemniskate, die aber zum Himmel hin offen ist. *Der Bienenmeister weiß*, dass das Geweih eines Hirsches ursprüngliches, empfindungsfähiges Leben von oben empfängt und ausstrahlt; es entspricht der Lemniskate, deren einer Teil in ihrer Verbundenheit mit dem Leben verborgen ist.»

«Und so besteht ein Teil unserer Arbeit darin, dass wir versuchen, den Beschützer der Bienen zu erreichen. Wir tun dies, indem wir unseren Ahnenstab herstellen, um uns mit dem Zauberer zu verbinden und durch ihn mit Pan, dem Gehörnten, dem Herrn der Jagd. Der Zauberer – so wie *wir* den Begriff verwenden – ging zur *Quelle* zurück, um seine Arbeit zu tun, und in diesem Tun werden wir selbst zum Zauberer, der uns mit dem verbindet, was der walisische Barde Dylan Thomas als jene ‹Kraft› kannte, ‹die durch die grüne Lunte die Blume zum Blühen bringt›.»

Bridge führte daraufhin näher aus, wie der Ahnenstab hergestellt wird: Ich sollte eine Anzahl Stöcke – also Zweige, oder eben ‹twigs› – sammeln, wobei jeder einzelne symbolisch für meine Schutzgeister oder Schutzverbündeten stehen würde. Typischerweise hatten diese Zweige eine menschliche oder tierische Form, aber sie konnten genauso gut als Pflanzen, Steine, Wolken oder jede andere Manifestation der Natur erscheinen. Beim Suchen und Finden dieser Zweige sollte ich auf eine bestimmte Art und Weise vorgehen und eine Reihe von Wanderungen unternehmen, Streifzüge der geschärften Wachsamkeit. Dazu gehörte auch, dass ich eine klare Absicht haben musste, den geeigneten Zweig ausfindig zu machen, oder vielmehr: dass ich mir erlauben würde, mich von einem Zweig finden zu lassen, nachdem ich meine stille Bitte durch die Randgebiete der Natur zu einer Beute ausgesandt hatte, die sich mir dann enthüllen würde. Dies ist eine verbreitete Vorgehensweise bei jeglicher Arbeit mit der Natur: dass die Natur selbst einem signalisiert, ob eine Ressource benötigt wird – sei es ein Stein, ein Tier, ja selbst ein Element. Im Laufe der nächsten Monate sammelte ich nach und nach ein Bündel von Stöcken, wobei jeder einzelne eine Verbindung und eine Beziehung zu meinen spirituellen Lehrern verkörperte.

Einer der Stöcke stand für Herrn Professor. Der Stock kam zu mir, so wie es Herrn Professors Worte in all den Jahren in gewissen Momenten getan hatten, wodurch sich in mir ein Weg öffnete. «Keine Angst», pflegte er zu flüstern. Der Klang und die Schwingung seiner Worte hüllten mich ein, und diesmal fand mich, als die Woge kam, auch der Zweig. Andere Stöcke stellten Orte in der Natur dar, die mich genährt hatten, Orte, wo sich etwas über mich selbst entdecken ließ. Es gab auch Stöcke, die mit den Bienen und mit dem Bienenstock in Verbindung standen. Jeder einzelne Stock war sorgfältig ausgewählt worden und hatte seinen Weg zu mir gefunden.

Im nächsten Stadium wurde jeder Stock markiert, damit ich ihn mit großer Sicherheit identifizieren konnte, wenn erst einmal alle zusammengebunden waren. Dies wurde durch eine Kombination von farbigem Faden, Schnitzereien und Brandzeichen erreicht.

Dann wurde ich über die nächste Phase der Arbeit informiert. Ich sollte minimale Mengen von Materie und Ausscheidungen meines Körpers sammeln: Haar von verschiedenen Körperstellen, abgeschnittene Nägel, Schleim, Tränen, Samen, Blut und Schweiß, alles außer Fäkalien. Diese Stoffe sollten zu einem kleinen festen Ball gerollt und in einen Beutel gesteckt werden, der aus dem Hodensack eines Hirsches zu fertigen war. Dieser Beutel war in der Mitte meines Bündels aus Zweigen zu platzieren, das an beiden Enden zusammengebunden wurde, so dass ich mit etwas zurückblieb, das so ähnlich wie das buschige Ende eines Hexenbesens aussehen würde – ein Besen ohne Griff.

Mit meinem Bündel würde ich dann symbolisch als auch energetisch von meinen Verbündeten und meinen Ahnen umgeben sein und im Zentrum dessen stehen, was Bridge meinen Kreis der Wirklichkeit nannte. Danach würde ich lernen, dieses Werkzeug mit Pollen zu füttern, und zur rechten Zeit würde mein Ahnenstab mir zu enthüllen beginnen, auf welche Weise er verwendet werden wollte. Das schien alles recht einfach.

Was als Nächstes kam, zog mir jedoch den Teppich unter den Füßen weg. Das innere Gleichgewicht, das ich mit dem Lösen des ersten Teils dieser Aufgabe gerade gefunden hatte, war sofort dahin. Ich selbst würde den Hirsch jagen, töten und schlachten müssen. Und als sei diese Aufgabe nicht schon Herausforderung genug, war das, was folgte, gänzlich verblüffend: Der Hirsch sollte nicht etwa durch eine Kugel oder durch einen Pfeil getötet werden, sondern durch meine bloßen Hände. Ich würde dieses Geschöpf *mit Pollen* ersticken müssen.

«Deine Aufgabe ist es, das Wild zu fangen, und zwar soll es ein männliches Rotwild sein. Der Hirsch wandert instinktiv in großen Kreisen, und es liegt in seiner Natur, in seiner Bewegung zu verweilen und ständig zu grasen. Indem du ihn ununterbrochen in Bewegung hältst, wirst du ihn ermüden und ihn schließlich zur Erschöpfung treiben.» Meine Ungläubigkeit blähte sich wie ein Ballon auf, doch Bridge ließ sich davon nicht beirren und setzte die Übermittlung des Wissens in strammem Tempo fort. Er zeigte keine Nachsicht und ignorierte meinen Schrecken vollkommen.

«Wenn du deine Aufgabe gut machst, wirst du ihn in ein Gebiet geführt haben, wo du schon ein Netz aufgespannt hast. Wenn der Hirsch erschöpft ist und sich im Netz verfangen hat, wirst du mit aller Kraft auf ihn zurennen, dich mit deinem gesamten Gewicht gegen seine Seite werfen und ihn zu Boden bringen. Wenn er dort liegt, wirst du ihn am Nacken gepackt festhalten und gleichzeitig nach dem Pollen greifen, den du in zwei Taschen an einem Gürtel um deine Taille trägst, eine an deiner rechten und eine weitere an deiner linken Seite; dass du nun mit der linken so gut wie mit der rechten Hand umzugehen weißt, wird dir hierbei und während der Jagd zugutekommen.» Ich sollte den Pollen fest gegen Maul und Nase des Wildes pressen. Ich sollte das Tier festhalten, bis es aufhörte zu atmen und sich nicht mehr bewegte. Dann sollte ich den Hodensack entfernen und das Wild ausweiden, wobei ich ganz genauen Anweisungen zu folgen hatte, die ich noch bekommen würde.

Diese Worte fließen jetzt, da das Ganze schon ein paar Jahre her ist, mit Leichtigkeit auf das Papier. Aber jemandem, der im Alter von elf bis Mitte zwanzig Vegetarier gewesen war und von Joghurt, Früchten und Gemüse gelebt hatte, der Tiere liebte und sie mit Herrn Professor in freier Wildbahn erlebt hatte, so einem Menschen ging die Aufgabe, ein wildes Tier zu töten, zutiefst gegen den Strich. Es klang fast unmöglich. Ja, ich kannte Rotwild, und ich wusste, dass es das größte lebende Säugetier Britanniens ist, aber wie sollte ich so ein Tier mit einem Netz fangen? Es klang absurd. Und außerdem, selbst wenn es mir gelingen sollte, das große Tier in einem Netz zu fangen, würde ich fähig sein, es kaltblütig zu töten?

Aber Bridge erwies sich Einwänden gegenüber als taub. Die Sache mit dem Hirsch war das nächste Tor auf meinem Weg der Ausbildung, und es gab für mich kein Fortkommen, ehe ich diese Aufgabe nicht gelöst hatte. Bridge versicherte mir, die Sache würde für mich mehr Sinn ergeben, wenn die Jagd einmal hinter mir liege. Aber als ich an jenem Tag Bridges Gesellschaft verließ, dachte ich zum ersten Mal daran, diesen Pfad vielleicht verlassen zu müssen. Es schien wenig Übereinstimmung zwischen meinen Glaubenssätzen und seinen zu geben, mit zwei schwerwiegenden Dilemmata, einem moralischen und einem menschlichen.

In jener Nacht kletterte ich in meine heidnische Hängematte, in mein Traumnetz, und ich träumte, dass ich Pan traf, den Herrn der Tiere, den Gott der Bienen. Ich fragte ihn, welche Macht er über Tiere habe, und er antwortete: «Kleiner Mann, ich werde es dir zeigen.» Er nahm seinen Knüppel und versetzte einem Hirschbock einen kräftigen Schlag, so dass dieser röhrte. Es war, als sei der Kopf des Hirsches eine Glocke, die einen Weckruf aussandte. Daraufhin kamen immer mehr wilde Tiere herbei, bis es so viele waren, wie es Sterne am Himmel gab, so dass ich kaum noch Platz zum Stehen fand unter all den Dachsen, Füchsen, Feldmäusen, Eulen und Falken, Ottern und Wühlmäusen und zahlreichen weiteren Tieren.

Das nächste Mal, als ich Bridge traf, setzte er seine Unterweisung fort: «So wurde es schon immer gemacht, Twig: Der Lehrling erstickt das Wild mit heiligem Bienenpollen, und indem er das tut, wird er eins mit der Kreatur. Er dankt dem Wild für das Geschenk seines Lebens, und er gelobt, sein Leben durch vollkommene Taten in der Welt zu ehren.» Bridge fügte hinzu, dass die Verwendung von Pollen auch sicherstelle, dass das Fell unversehrt bleibe, dass es also nicht von einer Kugel oder einem Pfeil beschädigt werde, wodurch ein Fell für den zeremoniellen Gebrauch am wertvollsten sei. Mir fiel ein, dass Devorah bei der Zeremonie das Fell eines Hirsches verwendet hatte, als sie in die Rolle der *Pythia* schlüpfte.

«Twig, wenn wir sehr weit zurückblicken, in jene Zeit, als wir noch vor allem auf Fleisch angewiesen waren, um überleben zu können, fanden es unsere Ahnen höchst problematisch, Jagd zu machen auf unsere tierischen Gefährten. So ist es auch heute noch, und die Jagd ist eingebunden in Rituale und Sanktionen, die teilweise dazu geschaffen wurden, um Schuld zu lindern, und teilweise dem Bestreben dienten, etwas über die nachtodliche Existenz des Tieres zu erfahren. Töten war und ist ein schrecklicher, aber notwendiger Akt. Wir erstarren vor Ehrfurcht, wenn der Hirsch den Pollen empfängt, und dabei bekommen wir paradoxerweise eine sehr grundlegende Vorstellung davon, wie heilig das Leben ist. Wir werden auch damit konfrontiert, wie sehr die Zivilisation von Gewalt abhängig war – und es immer noch ist, obwohl in unserer Kultur heute diese unbequeme Erkenntnis sorgsam auf Distanz gehalten wird. So ist es beispielsweise möglich, ein sauber abgepacktes Stück Fleisch zu kaufen, ohne auch nur einen Gedanken darauf zu verwenden, wie das betreffende Tier gelebt hat oder wie es starb. Wir dürfen niemals unseren Sinn für die ehrfurchtgebietende Schwere dieses Vorgangs verlieren. Es ist wie bei jenen, die vor uns gegangen sind: Hierin liegt unser Gespür für den heiligen Wert des Lebens. Twig, ich weiß, dies wird eine schwierige Aufgabe für dich sein, Junge, aber durch diese Aufgabe wirst du besser verstehen, dass der Tod nicht die Verneinung des Lebens ist. Der Tod gibt dem Leben Bedeutung: Unser Leben – unsere Körper – nährt sich am Tod von Pflanzen und Tieren. Sei dir darüber im Klaren: Durch unseren Tod werden wir eines Tages ihnen als Nahrung dienen. Durch die magischen Kräfte, mit denen sie die Tiere auf die Mauern der Tempelhöhlen bannten, verbanden unsere Ahnen die Lebenden mit der Quelle des Lebens, die sowohl Mensch als auch Tier belebt. Dadurch wurden sie selbst zu Medien für jene Quelle (Engl. source), zu Zauberern (Engl. sorcerer), zu Schöpfern der lebenden Form, wie die Quelle selbst.»

«Die Jäger kannten die Gewohnheiten und den Lebensraum der Tiere meist sehr genau, und sie empfanden geradezu eine persönliche Verbindung zu den Tieren, deren Spur sie verfolgten.»

Ich entgegnete scharf, davon wüsste ich nichts, hatte ich bis dahin doch noch nicht einmal einen Schmetterling mit einem Netz gefangen. Bridge erwiderte, genau das sei der springende Punkt: dass diese Tat aus einer gewissen Unschuld und Wachsamkeit heraus vollbracht würde, angetrieben durch die Kraft der Tradition, von der ich nun ein Teil war, und dass der Zauberer selbst in meinen Bewegungen und in meinen Stimmungen anwesend sein würde. Schließlich, so ergänzte er noch, ehe er aufbrach, würde ich versuchen, meine Beute in einem Traum aufzuspüren. Das würde ein Zeichen dafür sein, dass das Geschöpf sich mir bereitwillig ergeben würde. Es wäre eine Vereinbarung zwischen mir und dem Hirsch, eine Verabredung, die wir beide miteinander treffen und einhalten würden.

In jener Nacht legte ich mich mit der Absicht schlafen, den Traum zu empfangen, in dem ich den Hirsch jagen würde. Ich erwachte auf einer Lichtung. Nahe bei mir lag ein großer Hirsch, den ich getötet hatte. Ich schaute ihn mir genau an und zählte die Enden an seinem Geweih, denn ich wusste, das würde ich mir merken müssen, um den Hirsch wiederzuerkennen, wenn ich ihn traf. Ich lag neben einem flachen Bach, wo ich das Tier aufschnitt und sein Herz entfernte. Ich hielt das Herz in den Bach, um das Blut vom Fleisch zu waschen. Aus einem Klumpen Blut begann ein Junge zu wachsen. In den nächsten Monaten hatte ich diesen Traum immer wieder. Jedes Mal war es derselbe Hirsch, den ich tötete, und jedes Mal wurde das Herz im Bach gewaschen, und der Junge wuchs mit jedem Traum ein kleines bisschen mehr. Doch so sehr ich es auch versuchte, nie vermochte ich das Gesicht des Jungen zu erkennen.

Eines Tages war es Zeit für mich, zur Jagd aufzubrechen. So wenig wie ich über den Hirsch und dessen Gewohnheiten wusste, so wenig wusste ich auch über das Revier, in dem die Jagd stattfinden würde. Es sollte ein Akt des Vertrauens sein. Ich wusste nur, dass wir Richtung Norden fuhren und dass es eine lange Fahrt werden würde. Die Vorstellung, dass ein menschliches Wesen einen Hirsch mit den bloßen Händen zu Boden bringen sollte, schien mir immer noch absurd und gefährlich. Das wenige, das ich wusste, war, dass es auf den Britischen Inseln seit mehr als zehntausend Jahren Rotwild gibt und dass seit der Ausrottung des Wolfes vor ungefähr zweihundert Jahren der Mensch der einzige Feind des Rotwilds ist. Ich war mir auch bewusst, dass ein voll ausgewachsener Hirschbock wenigstens einen Meter zwanzig Schulterhöhe haben und ein großes Geweih tragen kann, das nun zu Herbstbeginn voll ausgebildet für die Brunft sein würde, da es in dieser Zeit für Kämpfe gegen Nebenbuhler verwendet wurde. Also würden die Hirsche in körperlicher Hochform sein, bereit, mit anderen zu konkurrieren. Welche Aussichten hatte ich schon gegen solch ein respekteinflößendes Tier?

Der Bienenmeister gab mir verschiedene Gegenstände auf die Jagd mit. Dazu gehörte auch ein Netz, das ungefähr zehn Meter breit war. Da hinein sollte der Hirsch getrieben werden. Dieses Netz, so informierte mich Bridge, war von der Melissa Nivetta aus der Schwesternschaft der Spinnerinnen gewoben worden, und es bestand aus einer Kombination von Seidenfasern und Haar. Es war mit Walnussschalen gefärbt, wobei die äußeren grünen Schalen gesammelt worden waren, als die Nüsse im Herbst herabfielen. Die Schalen waren in Wasser gelegt und darin die Wintermonate hindurch aufbewahrt worden. Als ergänzende Färbemittel wurden Erlen- und Holunderrinde und Wurzeln von Ampfer und Löwenzahn verwendet. Ich erhielt auch ein Röhrchen, das am einen Ende ein Rohrblatt hatte und aussah wie die Melodiepfeife eines Dudelsacks. Wenn ich hineinblies, konnte ich damit das Röhren eines Hirschs nachahmen. Bridge sagte mir aber, ich sollte es nur verwenden, falls es mir nicht gelinge, meinen Hirschbock durch List und Pirsch ausfindig zu machen. Ich hatte ausreichend Nahrungsmittel für rund zehn Tage dabei: ein großes Glas mit Pollen und eines mit Honig in der Wabe. Außerdem nahm ich einen kleinen Kochtopf mit, um mir Tee zu machen, sowie eine Handvoll Teebeutel, ein paar Streichhölzer und Pappstücke und einige Seile zur Konstruktion von zwei behelfsmäßigen Unterständen, so einer Art Miniaturbaumhaus ohne Dach und Wände, dessen Zweck einfach darin bestand, Aussichtsposten zu sein. Außerdem hatte ich ein Jagdmesser und eine Wasserflasche dabei.

Bridge übergab mir ein kleines Amulett, das an einem alten Stück Schnur aufgehängt war. Auf dem Anhänger aus walisischem Schiefer war ein Bild von einer Biene im Flug zu sehen. Der Bienenmeister trug mir auf, ihn zu tragen, sobald ich den Hirschen getroffen hatte. Er bemerkte dazu, dass dieser Fetisch, der schon von früheren Lehrlingen getragen worden war, als diese sich auf ihre Suche machten, die Eigenschaft der Beharrlichkeit der Biene enthielt, was den Bock ängstlich mache und ihn in Bewegung halten würde.

«Nun siehst du, warum ich dich habe den Bienenflug beobachten lassen», setzte Bridge hinzu. Es stimmte, die Disziplin, dem Flug einer einzigen Biene vom Bienenstock zur Blume und zurück zu folgen, hatte mich fitter gemacht, als ich es als junger und athletischer Teenager je gewesen war. Bienen können in einer Geschwindigkeit von bis zu dreißig Kilometern pro Stunde fliegen. Auf ihrer Nahrungssuche legen sie häufig mehrere Kilometer zurück. Bei mehr als einer Gelegenheit hatte ich Bridges unverkennbares Lachen vernommen, als er mich dabei beobachtete, wie ich in einem Brombeergestrüpp stecken blieb oder über Stufen stolperte beim Versuch, mit einem dieser winzigen golden und amberfarbenen geflügelten Schwungräder Schritt zu halten, Flügeln zu folgen, die sechzehntausend Mal in der Minute schlagen. Im Laufe der Zeit hatte ich gelernt, mich rascher und mit unglaublicher Behändigkeit zu bewegen, aber würde mir das die Geschwindigkeit und Stärke verleihen, einen Hirsch zur Strecke zu bringen?

Bridge sagte auch, dass die neue Herausforderung und das damit verbundene Abenteuer die Gelegenheit mit sich brächten, jenes Tonikum kennenzulernen, das moderne Menschen so sehr brauchten: «Vitamin P, Twig, Vitamin P! So nannte es mein Lehrer: Vitamin Pan, ‹halb Ziegenbock und halb ein Mann›», zitierte er aus einem alten Lied. Ich sollte mich mit dem Geist von Pan vereinen, um eine symbiotische Beziehung mit ihm zu entwickeln. So würde die Beute, nach der ich suchte, zu meinem Lehrer werden. Schließlich nahm Bridge ein Fläschchen mit einer Flüssigkeit und sagte mir, ich solle einige Tropfen davon in meine Augen geben, wenn es so weit sei. Mehr sagte er dazu nicht.

Zum Abschied gab Bridge mir Folgendes mit auf den Weg: «*Der Bienenmeister weiß*, dass Hirsche sich so mühelos wie Geister bewegen. Um einen Hirsch zu jagen, musst du selbst wie ein Geist werden.»

Als ich die Wälder betrat, empfand ich mich sofort als zugehörig. Die Luft war rein und die Stille erfrischend. Es war einsam und unberührt. Das dichte Baumkronendach ließ nur wenig direktes Sonnenlicht bis zum Waldboden gelangen. Ich baute ein kleines Lager auf dem einzigen Stück offenen Waldbodens, das ich finden konnte. Dort standen neben Eiben hochaufragende Koniferen, zitternde Eschen und majestätische Eichen. Ich nahm an, dieser Platz sei so gut wie irgendein anderer, um ein Lager aufzuschlagen, aber soweit ich erkennen konnte, deutete nichts darauf hin, dass es in dieser Gegend Hirsche gab. Wo war er?

Ich verbrachte die nächsten drei Tage und Nächte damit, den Wald zu erkunden. Es war feucht und still, und das Gehen fiel mir leicht. Ich kreuzte Pfade, die von verschiedenen Geschöpfen des Waldes benutzt wurden, und dachte darüber nach, dass ich auf einem bestimmten Wildwechsel Hirschspuren gesehen hatte, die in beide Richtungen verliefen. Ich legte mich auf die Spuren und erlaubte meinem Körper, die Abdrücke zu spüren, welche die Hufe auf der Erde hinterlassen hatten. Dann bedeckte ich meinen ganzen Körper mit dem weichen Matsch und mit Blättern vom Wildwechsel, um meinen Menschengeruch zu überdecken.

Nacht für Nacht schlief ich unter Haufen von Laub, und die Schichten meiner Kleidung füllten sich mit der natürlichen Wärmedämmung von Blättern, Moosen und getrockneten Farnen. Mit jeder Dämmerung fühlte ich mich stärker als Teil der Wälder und empfand die Wälder stärker als Teil von mir. Ich träumte vom gehörnten Gott der Jagd, der von vielen Tieren des Waldes umgeben war und der mir des Nachts einen goldenen Torque, einen offenen Halsreif schenkte, den ich mir umlegte. Bei Anbruch der Dämmerung machte ich ein kleines Feuer, und wenn das Wasser kochte, warf ich etwas wilde Minze hinein und braute mir einen erfrischenden Tee. Den Honig schlürfte ich direkt aus dem Glas, und als tägliche Hauptmahlzeit nahm ich einen kleinen Berg aus goldenen Pollenkörnern zu mir. Dann machte ich mich auf die Pirsch. Lichtschächte aus Sonnenstrahlen reichten bis zu den Wurzeln von Kastanienbäumen und ließen die Blätter durchsichtig erscheinen. Im Wald schien sich ein Ort der Kraft zu verbergen, der mich zugleich anzog und abstieß. Jeder Zweifel drängte mich zurück, als würde der Platz verteidigt werden. Ich suchte den Wald immer wieder nach Anzeichen für gefährliche Tiere ab, aber es gab keine; das Bedrohliche schien einer wenig greifbaren Quelle zu entströmen.

Mit jedem Tag drang ich tiefer und tiefer in den Wald ein. Am fünften Tag hatte ich bereits viel von der Natur gesehen, aber nichts von dem Hirsch, obwohl ich eine schummerige Lichtung entdeckt hatte, wohin das Wild zurückzukehren schien, jedoch nie, solange ich in der Nähe war. Als ich diesen Platz zum ersten Mal betrat, hing der Duft von Minze in der stillen Luft. Hatte der Hirschbock sich leise vor mir hier hindurchbewegt und dabei das wilde Kraut zerdrückt, das an den Rändern der schmalen Bäche wuchs, die durch den Wald liefen?

Die ersten Stunden dieses fünften Tages brachte ich damit zu, einen behelfsmäßigen Unterstand auf einer Birke zu errichten, von wo aus sich die Lichtung überblicken ließ. Ich kletterte auf den Baum und begann meine Nachtwache. Vollkommen still saß ich da und beobachtete.

Zwei Tage und Nächte saß ich mit gekreuzten Beinen in diesem Unterstand – von dem Moment an, in dem das Sonnenlicht zum ersten Mal die Wurzel des Baumes erreichte, so lange bis ich vor Dunkelheit die Hand vor meinem Gesicht nicht mehr erkennen konnte. Dabei vertiefte sich meine Beziehung zum Wald und zu dessen Bewohnern. Rebhühner stolzierten über den Boden des Waldes, Eichhörnchen huschten mit Früchten und Nüssen so groß wie ihre Köpfe die Stämme hoch und stopften die Nüsse in Astgabelungen, damit nicht andere sie verschlangen. Und dann kam der Moment zwischen Dämmerung und Anbruch der Nacht, jenes Dazwischen, in dem die Zeit stillstand.

Trotz der Schönheit um mich herum war ich am dritten Tag völlig durchnässt, mir war kalt und ich war entmutigt, und ich hatte nichts von dem Hirsch gesehen. Ich hatte meinen Unterstand nur zweimal verlassen, um zu trinken und mich wieder mit den Düften des Waldes zu bedecken. Niedrig hängende Wolken, die voller Tinte zu sein schienen, umgaben mich, Nebel kam auf, und ich dachte darüber nach, wo ich mich an diesem Abend hinlegen würde. Ich konzentrierte mich wieder auf meine Aufgabe und ließ zu, dass ein Lied in mir aufstieg, ein Lied, das ich so leise zu singen begann, dass es selbst für mich kaum zu hören war.

Kommt der Hirsch auf mein Singen,
Kommt der Hirsch auf mein Lied,
Kommt das Wild auf mein Singen.
Aus dem Herzen des Waldes,
Durch Sträucher und Blüten
Kommt der Hirsch auf mein Singen.
Kommt nun auf mein Singen,
Kommt nun auf mein Lied,
Kommt der Hirsch auf mein Singen ...

Plötzlich brach ein Wild aus dem dichten Unterholz hervor und rannte direkt auf meinen Baum zu. Ich konnte sehen, dass es der Hirschbock aus meinem Traum war. Ein paar Meter vorm Fuß des Baumes hielt er an, hob seinen Kopf hoch und witterte. Dann legte sich der große Hirsch hin und wälzte sich, wobei er seinen Körper im schwarzen Schlamm kühlte, verborgen vor aller Augen, außer jenen der Wildnis. Dann, so plötzlich wie er aufgetaucht war, war er auch schon wieder davon. Mein Herz klopfte mir bis zum Hals, ich kletterte von meinem Unterstand herunter und wusste ohne jeden Zweifel: Dies war das Tier, mit dem ich meine Verabredung hatte. Der Geruch des männlichen Wildes hing noch in der Luft, und ein Zittern durchlief mich, das mich zum Handeln drängte. Aber ich spürte auch, dass unsere Zeit noch nicht ganz gekommen war. Ich hing mir den Anhänger um den Hals, brachte ihn in Bereitschaft, hob ihn an meine Lippen und atmete ein. Ich hoffte, dass mit diesem Inhalieren etwas von der Essenz, die das Amulett laut Bridge enthielt, auf mich übergehen würde.

Ich hatte einen kleinen See entdeckt – in Wirklichkeit war es nicht mehr als ein Tümpel –, dort war eine Atmosphäre, die der in meinem Traum vom gefallenen Hirschbock nahekam. Die Grenze dieses stillen Raumes, die schmale Linie zwischen Wasser und Erde, war kaum wahrnehmbar, während die Sonne unterging. Es war ein Wasserloch für die gesamte Tierwelt des Waldes. Ich entschloss mich, mein Netz an einer Ecke dieser Wasserstelle aufzuspannen.

Dann schlief ich. Ich erhob mich, bevor die Dämmerung einsetzte. Meine Nacht war voller Träume gewesen, die weder meine Furcht zu versagen noch den sich ausbreitenden Schrecken länger zu kaschieren vermochten, jenen Schrecken, den ich bis dahin so geschickt mit rückhaltloser Hingabe an meine Aufgabe hatte überspielen können. Mir schlug der Atem drohender Vernichtung entgegen, und mit eisernem Willen hatte ich versucht, den Ausblick auf die verabscheuungswürdigen Handlungen, die zu unternehmen ich versuchen würde, aus meinem Verstand herauszudrängen. Ich trank keinen Tee, nahm nur einen Mund voll goldenem Ambrosia und Goldener Münzen, und schon war ich fort, bewegte mich eilends und schweigend in die Schatten hinein.

Ich spitzte die Ohren. In der Ferne vernahm ich knapp das Röhren kämpfender Hirsche. Es klang wie ein Rudel Löwen. Ich arbeitete mich lautlos durch das Unterholz. Wäre da nicht ab und zu das Rascheln eines Blattes gewesen, hätte man mich für einen Schatten halten können. Mit der einsetzenden Dämmerung verwandelte Finsternis sich in Wald und aus dunklen Schatten wurden Bäume.

Stunde um Stunde verging, während ich mich darin übte, inmitten des stillen, kaum wahrnehmbaren, aber sehr aktiven Treibens um mich herum bewegungslos und dabei äußerst wachsam zu bleiben. Ich wartete und beobachtete, wobei ich den Zeitraum, in dem ich völlig bewegungslos blieb, immer weiter ausdehnte. Eine Stille, die über bloße Ruhe hinausreichte, summte in meinen Ohren.

Ich merkte, dass *etwas* ganz in der Nähe war. Das kaum hörbare Knacken eines Astes links von mir wurde zur Bewegung eines Schattens. Ich verfolgte den Schatten nur mit den Augen, ohne meinen Kopf zu drehen, und kroch dann näher an ihn heran, wobei mein Näherkommen durch den gleichmäßig fallenden Regen verborgen blieb. Und da war er, der prachtvolle Hirsch. Er trat aus dem dichten Unterholz hervor. Er schien mich direkt anzusehen und hielt seinen Kopf zu mir geneigt, er prüfte den Wind und hob dann den Kopf, um mich von einem höheren Blickwinkel aus besser einschätzen zu können. Sein Nacken glich einem Turm, gemeißelt aus dem Stein des Stolzes.

Ich verharrte bewegungslos, im Dickicht verborgen. Nur das Pochen meines Herzens in der Brust war zu hören. Der Hirsch schüttelte sich den Regen aus dem Fell und kam witternd auf mich zu.

Eine Elster, die auf einem Erlenbaum direkt über mir saß, schien jede Bewegung, die ich machte, zu beobachten und sie an den Hirsch weiterzumelden. Langsam erhob ich mich und ließ den Hirsch mich deutlicher erkennen. Es wurde Zeit, dass wir uns begegneten. Wir waren kaum noch zwanzig Meter voneinander entfernt. Wir fassten uns fest ins Auge und erkannten uns. Im selben Moment fingen wir an, einander anzubellen, und ich rannte auf ihn zu, wobei ich ihm zurief, was meine Aufgabe sei und dass wir miteinander verabredet seien. Er zuckte nur ein bisschen zusammen – war er der Gejagte oder der Jäger? Und dann machte er auf seinen Hufen kehrt. Und weg war er.

Ich spannte mein Netz vor einem breiten Durchgang zum Wasserloch auf. Dann bereitete ich mich darauf vor, den Hirschbock erneut aufzuspüren. Ich wusste instinktiv, dass für mich die Zeit gekommen war, das kleine Fläschchen mit der Tinktur zu öffnen, die Bridge für mich gemischt hatte. Ich wusste immer noch nicht, was genau es war, diese geheimnisvolle Flüssigkeit, aber jetzt war es Zeit sie anzuwenden. Es war genau so, wie Bridge es vorausgesagt hatte. Als ich den Korken entfernte, stieg der Geruch von Chlorophyll auf. Ich beugte meinen Kopf nach hinten und hielt meine Augen geöffnet, während ich einige Tropfen in jedes Auge träufelte. Es war sehr schmerzhaft. Nachdem ich eine Minute lang still vor mich hingeflucht und mich vor Schmerzen gekrümmt hatte, ließ der Schmerz nach und ich schaute erneut um mich. Die Flüssigkeit hatte zweifellos meine Sehfähigkeit beeinflusst und verändert, denn die dichten grünen Wände des Unterholzes hatten nun eine weitere Struktur und Ausdehnung, alles schien sowohl mehr Licht zu sammeln als auch Schatten zu absorbieren. «Dies wird es dir erleichtern, deine Beute zu finden», hatte Bridge gesagt. Ich machte mich wieder auf die Jagd.

Eine Stunde später hatte ich den Hirsch trotz seiner Ausdauer wieder ausfindig gemacht, und nun wandte ich meine wichtigste Strategie an: Ich war rücksichtslos und gönnte ihm keine Pause. Als der Tag in die Nacht überging, setzte sich der Tanz zwischen Räuber und Beute fort. Ich wusste, es war fast so weit, der Hirsch war erschöpft, aber die Angst trieb ihn weiter vorwärts, während ich schreiend hinter ihm herrannte. Angetrieben von seiner Wildheit, von seiner Furcht und vom Kampf um sein Leben, gab der Hirsch nicht so leicht auf. Mehrmals meinte ich, nun würde er sich verfangen. Aber dann brach er erneut vorwärts, getrieben von seinem Hunger nach Leben, denn Pan war auch in ihm. Dieses leichtfüßige Tier war so stark wie die heulenden schottischen Stürme und so unverwüstlich wie das Heidekraut, das mittendrin blüht.

Wir rannten immer weiter, um den Wald, den ich nun so gut kannte wie der Hirsch, herum und mitten hindurch. Ich war zu einem hohlen Knochen geworden – mein Geist trieb mich weit über mich selbst und jenseits dieser Wälder hinaus. Ich rannte und sprang ohne jede Anstrengung; trittsicher wie die Bergziege, schnell wie der Hase. Es schien, als wäre ich zum Pfeil des Jägers geworden, abgeschossen vom Bogen meiner unerschütterlichen Absicht. Ich war gerüstet, und ich war bereit zu töten. Ich löste mich von der moralischen Ordnung, an die ich mich seit meiner Kindheit gehalten hatte. Mein Herz schlug im Rhythmus einer uralten Trommel und signalisierte, dass Jäger und Gejagter sich beide vor derselben Bestie versteckten und dass der Tod für beide die Trommel schlug.

Meine Intuition sagte mir, dass der erschöpfte Hirsch auf das Wasserloch zuhalten würde, um sich dort abzukühlen und sich so besser verteidigen zu können. Ich hatte mein Netz mit gerade diesem Gedanken errichtet und nun näherten wir uns diesem Ort. Zwei Kräfte hielten mich auf den Beinen: die geheimnisvolle Weisheit, die das Bienenvolk leitet, und die drängende Kraft, die jene in Panik geraten lässt, die nicht um die Macht wissen, die zusammengerollt in ihren Lenden schlummert.

Der Hirsch erreichte den Bach, als das Blut des Zauberers meine Adern erreichte. Es war so weit. Ich rannte, lauthals mein Gebet an Pan schreiend, flog ich auf den Hirsch zu.

Hufe und Blätter explodierten, Staub wirbelte auf und der Hirschbock machte einen Satz auf mich zu. Aber dann wirbelte er unerklärlicherweise herum. Nach einem Blick zurück in meine Richtung krachte der Hirsch in stillem Einverständnis in das Netz. Zuerst rannte er einfach weiter und tiefer in die Maschen hinein, aber dann machte er kehrt und wollte davonlaufen, raus aus der fremdartigen und unerwarteten Falle.

Was dann geschah, lief in Zeitlupe ab, und alle Geräusche um uns herum setzten aus.

Die Stärke des Bienenstocks war mit mir. Mit meiner ganzen Konzentration auf das unmittelbar bevorstehende, einzigartige Ereignis ausgerichtet, rannte ich auf den Hirsch zu. Da wechselte dieser mit einem Mal erneut die Richtung und sprang kopfüber in das Netz. Mit meiner ganzen Kraft rammte ich ihn in die Seite, um ihn zu Boden zu werfen, so wie es mir aufgetragen worden war. Beim Aufprall drehte der Hirsch seinen riesigen Kopf zu mir hin und wir stießen mit unglaublicher Kraft mit den Köpfen zusammen. Durch den heftigen Schlag wurde ich bewusstlos.

Als ich wieder zu mir kam, war mein Gesicht mit warmem, klebrigen Blut bedeckt – mit meinem Blut, das noch immer von meiner Oberlippe tropfte, die ich mir, wie ich nun entdeckte, aufgeschlagen hatte. Von meiner rechten Hüfte kam ein scharfer Schmerz und ich tastete mein Bein ab. Meine Hose war aufgerissen und ich konnte eine tiefe und blutende Schnittwunde erkennen. Ich lag direkt neben dem Hirsch, den ich einen Moment lang für tot hielt. Aber nein, er atmete noch. Durch irgendeine glückliche Fügung, sei es Zufall oder Schicksal, war auch der Hirsch bewusstlos geworden, da er mit dem Kopf auf eine Baumwurzel aufgeschlagen war, nachdem ich in ihn hineingerannt war.

Ich wusste, dass mir nur ein paar Augenblicke blieben, um meine Aufgabe zu vollbringen, ehe der Hirsch wieder zu Bewusstsein kam. Ich kniete mich vor ihn hin, um zu beten und Dank zu sagen, aber ich brachte keinen Ton heraus. Ich fühlte mich verzehrt vor Feuer und Bedauern. Ich besprengte mich mit dem Blut aus der Wunde an der Kopfhaut des Hirsches, die eine Wulst aus Fettgewebe aufwies. Eine der Taschen mit dem Pollen war aufgerissen und die Goldenen Münzen lagen über den Waldboden verstreut, doch die andere Tasche hing noch um meine Taille. Ich öffnete sie und entnahm ihr eine Handvoll Pollen. Mein rechter Arm ergriff den Hirschkopf, ich presste den gelben Staub mit meiner linken Hand kraftvoll gegen Maul und Nase des Hirsches und lehnte mich mit meinem ganzen Gewicht gegen seinen Nacken.

Ich erwartete, dass der Hirsch sich wie verrückt wehren würde, während er um sein Leben kämpfte, stattdessen durchlief ihn nur ein Schauer, sein ausladendes Geweih, dessen Anblick ausreichte, um mich schier in die Flucht zu schlagen, bohrte sich in den Waldboden. Ich hielt meine Hand jedoch weiter gegen seine Schnauze gepresst und begann zu weinen, als ich fühlte, wie das Leben aus ihm entwich.

Ich hatte getötet. Ja, ich hatte Leben genommen und dafür empfand ich Reue. Aber es gibt eine Verbindung zur Erde, die nur hergestellt wird, wenn wir selbst Verantwortung für vergossenes Blut übernehmen.

Ich kletterte auf den warmen Körper und hielt ihn, als ritte ich ihn in den Hades. Mein Blutverlust hatte mich geschwächt, aber Pans Stärke sagte mir, dass ich mindestens noch einen Tag leben würde. Erschöpft schlief ich ein.

Ich erwachte beim ersten Morgenlicht, mein Haar klebte mit geronnenem Blut an meiner Beute, und ich riss mich von der dunklen Gestalt unter mir los. Eine schwarze Schwinge von Traurigkeit hatte sich auf mich herabgesenkt – eine ungeheure Dunkelheit. Der glänzende Saphir aus Jagdfieber war entschwunden. Ich wusste, dass ich meine Aufgabe nun mit Respekt und mit Herz zu vollenden hatte.

Ich entwirrte das Netz und verbrachte die folgenden Stunden damit, die mir aufgetragene Arbeit zu erledigen: Zuerst zog ich den Hirsch mit einem Seil an den Hinterbeinen aus dem Netz hoch, wobei ich das Seil um die Äste eines Baumes wand. Bevor ich irgendetwas anderes tat, durchtrennte ich die Muskeln, die den Hodensack mit dem Hinterteil des Hirsches verbanden. Dabei durchtrennte ich auch den Samenstrang und entfernte die Hoden aus dem Sack. Ich legte den Hodensack vorsichtig in die halbleere Pollentasche, die um meine Taille gebunden war.

Als ich damit fertig war, stellte ich mich der letzten Aufgabe, die der Bienenmeister mir im Rahmen meiner Initiation im Reich des Waldes genannt hatte: das Aufschlitzen des Bauches. Ich hatte keine Vorstellung von dem, was mich erwartete, und als der Inhalt zu Boden fiel, bewunderte ich das Herz, das diesem Geschöpf Leben gegeben hatte. Wie mir aufgetragen worden war, entfernte ich die Leber und die Nieren, wobei ich mit jedem einzelnen Teil – um dessen Stärke aufzunehmen – meinen eigenen Körper in Höhe des entsprechenden Organs berührte. Ich tat dies mit allen Körperteilen einschließlich der Augen und zuletzt mit dem Herzen, das ich zum Bach mitnahm, um dort das Blut abzuwaschen. Ich begrub jedes Organ aus dem Körper, während ich betete, und ich schloss die Arbeit damit ab, dass ich das Innere der Körperhöhle mit Wasser auswusch.

Immer noch schweigend, bedeckte ich den blutigen Bereich mit Blättern und sammelte dann meine Habseligkeiten ein. Ich lud mir den Hirsch auf den Rücken. So trug ich den gefallenen Prinzen des Waldes mit schmerzenden Muskeln durch den Wald dahin zurück, wo meine Reise begonnen hatte.

8

Die Insel der Nachtschatten

Ich steh jetzt auf und gehe nach Innisfree sofort;
Aus Lehm und Reisig bau ich mir eine Hütte dort,
Und hab neun Reihen Bohnen, ein Bienenvolk, das brummt,
Und leb allein im Wald, von Bienen umsummt.

Dort find ich etwas Frieden, dort tröpfelt Frieden stille,
Tropft von des Morgens Schleiern ins Gras, da singt die
Grille;
Dort wird die Nacht ein Glitzern, der Mittag Purpurschein,
Der Abend ein Geräusch von Hänflingsflügeln sein.

Ich steh jetzt auf und gehe, denn ich hör Tag und Nacht
Den See ans Ufer plätschern, die Wellen kräuseln sacht:
Gleich, ob ich auf dem Feldweg, auf grauem Pflaster steh,
Ganz tief im Herzen hör ich den See.
W. B. YEATS

Man sagte mir, nur wenige Besucher der Insel seien nicht
von ihr besessen oder zumindest eine Weile von ihr verzaubert.

Schon die Weise, auf die wir uns ihr näherten, kam
einer Verzauberung gleich, denn nachdem Bridge und ich
erst einmal in das Ruderboot gestiegen waren, das Seil
vom Haltepfosten gelöst hatten und dann aus den Hafen-
mauern herausgerudert waren, begann er in rhythmischen
Versen zu singen. Ich kannte und vertraute seiner Stimme, doch die Sprache, in der er sein Lied vortrug, war mir
weitgehend unbekannt, aber mit einem Mal begann sich
mein Herz seinem Ruf zu öffnen.

«Sitze *vorne* im Boot, damit alles, was du siehst, neu für dich ist», hatte er zu mir gesagt, als enthülle er ein Geheimnis, das für das ganze Leben galt.

O, an oidhche,
An nochd
Éiteag na h-oidhche
Guth na meala dhuit
O, an oidhche,
An nochd
Éiteag na h-oidhche
Guth na meala dhuit
O, an oidhche,
An nochd
Éiteag na h-oidhche
Guth na meala dhuit ...

«Oh, dieser Abend, diese Nacht, Juwel der Nacht, die Stimme des Honigs sei dein ...» Immer wieder sang er diesen melodischen Zyklus, während synchron dazu die Ruder in kaltes tintenschwarzes Wasser tauchten. Man vermochte kaum zu erkennen, wo die Schwärze des Himmels und die Schwärze der See ineinander übergingen. Ab und zu sprühte das Salzwasser über mich und schnappte mit einer aus der Tiefe rührenden Kälte nach meinem Gesicht, durchnässte mich in einem keltischen Zwielicht, während hoch oben jene uralte Zauberin, die Mondin, von einem wolkenlosen Himmel herabschaute und zusah, wie wir langsam und stetig vorwärtskamen.

Wir hatten das Festland unmittelbar nach einem heftigen Regenguss hinter uns gelassen. Der Wind hatte den grauen Nebel und die Wolken bereits vertrieben. Noch vor Anbruch der Geisterstunde hatten wir die Küstenstadt, einen typischen britischen Urlaubsort, hinter uns gelassen. Im Sommer war der Strand mit dicht an dicht liegenden Fremden und mit vom Wind gebeutelten und von der Sonne ausgeblichenen Strandhütten übersät. Es gab neckische

Postkarten zu kaufen, mit Bildern von stämmigen Matronen, dürren Vatis, vorwitzigen Jungs und drallen Mädels in zweideutigen Positionen. In dieser Nacht waren wir jedoch weit entfernt von dieser Fassade und wurden von einer anderen Wahrheit gegrüßt, einer, die tief unter die Oberfläche reichte.

Nur die einsamen, zu kleinen Haufen zusammengetriebenen Sanddünen waren Zeugen unserer Pilgerfahrt über das Meer. Die Lichter der Stadt und schließlich das Pier selbst verblassten und entfernten sich mit jedem Ruderschlag weiter; das Ufer wurde zu einem verschwommenen Fleck, und die Welt des Festlands verschwand langsam. Nur die schwarze See blieb zurück, kalt und viele Faden tief.

Ich nörgelte an mir selbst herum, weil ich meinte, dass ich mich entspannter fühlen sollte, als ich es war, oder dass ich wenigstens ein bisschen lockerer sein sollte – denn war nicht der Ozean einst unsere Heimat gewesen, von wo aus wir uns auf den Weg gemacht hatten, von wo aus unsere Evolution ihren Lauf genommen hatte? Ist nicht genau das auch der Grund, warum die Massen immer noch ihre Ferien an den Stränden verbringen, immer noch voller Sehnsucht danach, voll von einer Sehnsucht, die sich irgendwo tief in ihrer Seele verbirgt, voll des Verlangens, von der feuchten Umarmung der Tiefe verschlungen zu werden?

Aber diese Überlegungen änderten nichts an meiner Haltung, oder daran, dass sich mein Magen zusammenzog. Angst, hatte mir Bridge gesagt, kann eine der größten Kräfte im Leben sein, denn die Angst ermöglicht es uns, Dinge in einem neuen Licht wahrzunehmen. Aber jetzt sehnte ich mich nach dem Vertrauten. In den Worten des Bienenmeisters hatte ein bedrohlicher Unterton mitgeschwungen.

Ich dachte darüber nach, wie Bridge, kurz bevor wir das Festland hinter uns gelassen hatten, sein Bedauern darüber zum Ausdruck gebracht hatte, dass die meisten Menschen nicht einmal ihr eigenes Land kennen würden, die Heimat unter ihren Füßen. «Viele Engländer kennen Siena besser als Stamford, und sie wissen eher, was eine toskanische Dachpfanne oder ein Olivenbaum ist, als dass sie einen Apfel aus Collyweston oder eine Hainbuche erkennen», bemerkte er.

«Wir sind Fremde im eigenen Land geworden, Twig, und eine meiner Aufgaben ist es, dich dahin zu bringen, deine Augen zu öffnen und dein eigenes Land mit der gleichen Neugier und Verwunderung wahrzunehmen, wie du sie noch hattest, als du zum ersten Mal den Wienerwald erkundet hast.»

«Das wahrhaft Skurrile an uns Engländern besteht darin, dass sich hinter all unseren Mühen, hinter der gewissenhaften Konformität und der anerzogenen, ewig gleichen Vorhersehbarkeit unseres Lebens solch außergewöhnliche geheimnisvolle Welten verstecken. Es gibt zweierlei England: das langweilige, das zu besichtigen die Touristen herkommen, und das geheime, das im Unbewussten vollkommen durchschnittlicher Menschen herumschwimmt. Das englische ‹Es› wird von all jenen Kreaturen bevölkert, die ein William Blake, ein C. S. Lewis, ein J. R. R. Tolkien oder ein Rutland Boughton durch ihre Träume ins Dasein beförderten – und sie alle tanzen zur Musik von Elgar! Die Engländer haben das Zeug, großartige Träumer zu sein; tatsächlich ist ihre Sprache die Sprache der Vision, und ihre Tradition ist der Weg der Seher und des Elfenvolkes.»

«Woher stammt diese Neigung? Vielleicht liegt das Geheimnis in den Nebeln unseres Klimas, oder in den Tälern und auf den Hügeln unserer heimatlichen Inseln: Was immer auch der Grund sein mag, dies ist ein Land der Monumente und großartigen Naturschauspiele: uralte Eichen, Steinkreuze, sanft geschwungene Felder, festlich beleuchtete Handschriften, sich brechende Wellen, schlafende Riesen – es ist das Land, wo Milch und Honig fließen. Dessen musst du dir bewusst werden.»

Und nun war ich also hier, zog – wenn ich an der Reihe war – die Ruder durch, als wäre ich ein alter Seemann auf meinem Weg zu einem geheiligten Vorposten von Blakes gesegnetem Albion. Wenn wir doch nur, so hatte Blake einst gemahnt, wie Piraten lebten, wenn wir die Schätze des Lebens ergriffen und weitersegelten auf hoher See, dann könnten wir vielleicht das Geschenk würdigen, das unser Leben ist.

Das Rudern war anstrengend. Ein paar Stunden lang kämpften wir gegen etwas, das sich für meine untrainierten Arme so anfühlte wie eine höllisch schwierige Gegenströmung. Aber der Klang von Bridges Stimme, eingefangen in einem Lied, das nie leiser wurde, und das einschläfernde Flüstern des Ruders im Wasser begannen einen Traum in mir zu weben: von der Insel, die ich bald erreichen würde, von meinem eigenen Platz in der Welt und von den Herausforderungen, die mir bevorstanden.

Ich wusste nur wenig über unser Ziel und noch weniger wusste ich darüber, was die Bewahrer des Wissens vom Bienenstock dort taten. Das würde mir anscheinend enthüllt werden, sobald wir ankämen. Bridge hatte mir jedoch erzählt, dass ich meinen Ahnenstab dort brauchen würde. Er sagte mir außerdem, dass unser Ziel, eine Insel, zweimal geboren worden war. Die Insel sei tatsächlich versunken und dann wieder aufgetaucht. Als sie neu geboren wurde, hatte sie eine zweite Seele aus den Tiefen des Ozeans mit heraufgebracht. Deshalb trug diese Insel zwei Namen. Diese Namen sind auf keiner Landkarte zu finden; sie wurden und werden in heiligem Vertrauen nur an jene weitergegeben, die auf dem Pfad des Pollens sind.

Und so erkannte ich, dass diese Insel zwei Seelen hatte, zwei *locus genii* mit zwei verschiedenen und getrennten Persönlichkeiten: eine Persönlichkeit war freundlich, lichtvoll und heilsam, die andere unheilvoll, öde und potenziell tödlich. Die Insel der Gesegneten war, was Bridge den «hellen Spiegel» nannte, ihr heilender Aspekt mit einem Namen, der für mich ein fernes Echo von Byrons Geschichten der Glücklichen Inseln in sich trug. Die Insel der Nachtschatten war der Name für die Schattenseite oder den «dunklen Spiegel», er barg eine Macht und Kraft, die fremdartig und Teil einer älteren Welt war, die Menschen normalerweise nicht zugänglich ist. «Alle Inseln haben Stimmungen, Seelen und Geister», hatte Bridge erklärt. «Manche Inseln der Kraft, so wie diese, haben Wesen, die schier menschlich scheinen. Heute Nacht sollst du dich vor der dunklen Seele der Insel hüten, denn sie hat einen sehr leichten Schlaf und wacht allzu schnell auf.»

Aber warum, fragte ich, sollte sich jemand bewusst und willentlich an einen Ort der Gefahr begeben? Der Klang meiner Stimme offenbarte meine Angst, ihr schwankender Ton war Ausdruck eines inneren Schauderns. Warum sollten wir zu einer potenziell so gefährlichen Insel fahren, selbst wenn die Gefahren, die uns dort erwarteten, unbestimmt waren? «Nur ein schwacher Mensch geht immer nur dorthin, wo er angelächelt wird», hatte mir Bridge rundweg beschieden.

Von einem bestimmten Moment an, als ich gerade wieder vorne im Bug saß, hatte mich der Bienenmeister umgedreht, so dass ich von unserem Ziel wegschaute, und mir gesagt, ich solle meine Augen schließen. Und dann fühlte ich die Präsenz der Insel – wie einen dumpfen fernen Aufprall. Es fühlte sich so an, als griffe sie nach mir, als *inspiziere* sie mich mit einem kalten, schweigenden Reptilienblick.

Von einer Insel beobachtet zu werden, sei es nun leidenschaftslos oder anders, ist nun wirklich nicht gerade alltäglich. Plötzlich verwandelte sich dieses gewisse Unbehagen, das ich empfunden hatte, von einem Schaudern zu einem Schmerz, der mich schließlich vollkommen überwältigte. Als hätte ich keine andere Wahl, riss ich meinen Kopf herum; ich musste sehen, was vor mir lag, um es ganz in mich aufzunehmen.

Die Insel starrte zurück und unsere Blicke trafen sich. Mein Magen zog sich unwillkürlich zusammen, und ich unterdrückte ein Würgen. Die Landmasse, die vor uns lag, war dunkel, ihre alles beherrschenden Klippen bargen das Echo einer entfernten, unendlich machtvollen Vergangenheit, als wäre ein Teil des versunkenen Lemurien aus den tiefsten Tiefen seines nassen Grabes emporgestiegen und geradewegs hier aufgetaucht. Wie konnte einem etwas, das geographisch so nah an Britannien lag, so fremdartig vorkommen?

Wir waren noch ungefähr 150 Meter vom Ufer entfernt, als die Strömung dramatisch zunahm. Aufgewühltes Wasser, weiße Gischt – das hier war mehr als ein Hauch von echter Gefahr. Nur ein Narr hätte versucht, hier durchzurudern, ohne die Gezeiten und den genauen Verlauf der Felsen zu kennen. Aus der Nähe sahen die Klippen schroff und gefährlich aus. Das Wasser zog sich um uns herum zusammen, und die See griff zornig nach uns. Unser Boot neigte sich, es schwankte, tauchte kurz unter und wieder auf, eine Woge wurde vom Bug in kalte Laken zerschnitten und das Wasser besprenkelte meine Lippen mit salzigem Schaum. Bridge fing an, mir Befehle zuzurufen, und ich reagierte wie ein vertrauensvolles Kind, denn sonst hätte mich die Panik, die sich wie ein Virus in mir ausbreitete, ganz und gar überwältigt, als ich die Felsen bedrohlich nah aus dem Wasser ragen sah.

Mit einem dumpfen Schlag setzten wir auf dem Kiesstrand auf, griffen nach unseren Taschen und sprangen vom Boot, diesem letzten Rest an Sicherheit und Verbindung zur Heimat, und zogen es den Strand hoch. Auf dem Kieselstrand angekommen, von Felsen umgeben, bemerkte ich, dass Bridge einen kurzen Moment so still stand wie eine Statue von den Osterinseln und aufs Meer hinausschaute. Dann richtete er sich mit einem kurzen Ruck auf, sein Haar, wild zerzaust im Mondschein, und er stieß einen Laut aus, der in meinen Ohren wie aufgewühltes Wasser klang. Schließlich drehte er sich um und beantwortete die Frage, die ich erst noch zu stellen hatte. «Bedanke dich immer für eine sichere Überfahrt», sagte er.

Er drehte sich um und führte uns langsam einen gewundenen Pfad mit zerbröckelnden, von silbernem Licht beschienenen Stufen hinauf.

Um uns herum konnte ich die kahlen Stämme von Platanen erkennen, die eine Art Wald bildeten. Wir gingen zwischen Ebereschen hindurch, deren rote Beeren im Mondlicht wie Juwelen schimmerten: eine farbenprächtige Atempause auf unserem Marsch. Wir wanderten an Überresten der Wintervegetation vorbei, an Holunder, Brombeer und Liguster, an Bäumen und Sträuchern, die vielleicht nicht besonders hübsch, aber ganz gewiss sehr ausdauernd und stark waren. Wir passierten grünlich-graue, mit Flechten bedeckte Bäume, deren Äste filigrane Schatten über dicke Grasbüschel warfen. Wir gingen, als seien wir auf einer Prozession, durch Gebiete, in denen das Mondlicht Laub wie silberne Netze aussehen ließ, und wir kamen an anderen Stellen vorbei, wo die Äste der Bäume geisterhafte Schattenformen zeichneten. Es gab auch Raben und Kormorane, es schien gerade so, als sei die Insel mit Vögeln bedeckt. Bridge hatte seltene Tapezierspinnen und überdimensionale Blindschleichen erwähnt. Über diesem Anblick und all den Geräuschen hing ein stechender, schwerer und überwältigender Geruch, ein berauschendes Parfüm, das menschlichem Schweiß und Ammoniak ähnelte.

«Achtest du auf den süßen Duft des Heidekrauts, Twig?», fragte mich Bridge, der ein paar Schritte vorausging, rätselhaft und mit einem Glucksen in seiner Stimme.

Die Luft war warm und feucht, und sie schien mit den unvergleichlichen Wellen dieses scharfen Geruchs zu pulsieren. Ich war müde und abgekämpft, im Grunde versuchte ich einfach nur, mit den weiten zielgerichteten Schritten des Bienenmeisters mitzuhalten. Nach einem steten Anstieg gelangten wir zu einem kaum wahrnehmbaren Pfad, auf dem wir schließlich ein erhöht liegendes Plateau erreichten. Es schien, als hätten wir unversehens das Paradies betreten. Ich fühlte die Gegenwart der Bienen, noch ehe ich sie sah. In einiger Entfernung standen Bienenstöcke in einem weiten Kreis, der eine vom anderen rund neun Meter entfernt. Der Durchmesser des Kreises betrug ungefähr 50 Meter. Es war ein willkommener, aber überraschender Anblick.

Wir traten in den Kreis aus Bienenstöcken und der Duft von warmem Honig erfüllte die Luft. Aus dem Inneren jedes Bienenstocks kam ein tiefer Ton, wie Orgelklang, während Zehntausende von Schwingen ihre Arbeit taten, um aus Nektar Honig zu machen. Als wir im Zentrum des Kreises anlangten, erblickte ich etwas, das wie ein kleiner Krater aussah. Ich blieb ruhig davor stehen und wartete.

Schließlich begann Bridge zu sprechen: «Diese Insel ist unsere Weltachse, es ist unser *Omphalos*.» Sein Ton war beunruhigend ehrfürchtig. «Und dies», sagte er, indem er auf den kleinen Krater wies, «ist die heilige *Caldera,* der Kessel, das Zentrum unserer Welt, der Mittelpunkt aller, die den Weg der Biene gehen.» Er verfiel wieder in Schweigen und gab mir ein Zeichen, ich solle unser Lager aufschlagen. Er fing an, innerhalb des Kraters eine Feuerstelle anzulegen, während ich die Tatsache zu erfassen begann, dass dies, falls ich Bridge richtig verstanden hatte, gerade der Ort war, an dem die Tradition geboren worden war. Ich war also dahin gebracht worden, wo einst alles seinen Anfang nahm.

In den folgenden Jahren sollte ich lernen, dass es innerhalb des Kults das wichtigste Ereignis des Jahres war, die Bienen zu dieser Insel zu transportieren. Diese Arbeit dauerte fünf oder sechs Tage, wobei der Tag der Abreise von einem ungewissen Faktor abhing: dem Wetter. Im Jahr 1893 waren alle bis auf einen der Bienenstöcke verloren gegangen, und zwei der Melissae waren ertrunken, aufgrund von Winden, die eine Heftigkeit erreicht hatten, wie man sie zuvor nicht erlebt hatte. Im ganzen Land waren Kirchtürme beschädigt oder sogar zerstört worden, als jener Sturm über England hinwegfegte und hinaus auf die Nordsee zog. Diese Tragödie stellt einen besonderen Einschnitt für jene dar, die auf dem Pfad des Pollens sind, ein dramatisches Ereignis, das für immer im Gedächtnis haften bleiben wird.

Inzwischen loderte das Feuer, und Bridge öffnete seinen alten Ledertornister. Er legte ein kleines Tuch auf den Boden und breitete den Inhalt seines Tornisters darauf aus. Es waren zwei Gefäße aus Glas, eine Schachtel Streichhölzer, eine Trinkflasche mit Wasser, ein Jagdmesser, sein *Tanging Quoit* und ein kurzer Pfeil. Er legte das größere der beiden Gläser auf das Tuch. Das kleinere, das sich vom ersten dadurch unterschied, dass es einen Stöpsel aus dunkelgrünem Stein mit aufgesetztem schwarzen Obsidian hatte, hielt er gegen das Mondlicht und flüsterte übertrieben verschwörerisch: «Dies, mein Junge, ist der Grund, warum du hier bist. Es gibt ein altes Sprichwort über das Handwerk der Bienen: ‹Das Leben ist eine gute Sache, aber du weißt nicht wirklich, wie gut, bis du den Bienen in die Heide gefolgt bist› – und auf dieser Insel finden die Bienen ihre ganz spezielle Heide.»

Während Bridge dieses alte Sprichwort rezitierte, kniete er am Feuer und beobachtete, wie die Flammen das Holz liebkosten. Ich konnte beinahe sehen, wie diese Redewendung wohl aus dem Mund seines eigenen Lehrers hervorgekommen sein mochte, viele Jahre, bevor ich geboren worden war.

Bridge hielt die Flasche hoch. «Das hier ist der Stoff, aus dem Legenden gemacht werden. Nicht mehr und nicht weniger! Es ist die Flugsalbe der Hexen.»

Wir befanden uns nun im Herzen des Geheimnisses, meilenweit von der nächsten Stadt entfernt. Aber die Bienen waren hier, eine Million vielleicht, und sie sangen ihr zeitloses Lied für die blühenden Pflanzen, die sich zu beiden Seiten unter dem Mond erstreckten. Ich war von diesem Augenblick so verzaubert, dass mir erst langsam dämmerte, dass hier der gewöhnliche Lauf der Natur wohl herausgefordert worden war, denn die Bienen – sonnenliebende Tagesgeschöpfe – schliefen nicht in ihren Bienenstöcken, sondern waren draußen unter dem Vollmond, als feierten sie die Mittsommernacht. «Bridge, die Bienen. Warum sind sie ... wie können sie zu dieser Zeit fliegen?»

«Sie sind gekommen, um Zeuginnen deines Tanzes zu sein, bei dem sie eine wichtige Rolle zu spielen haben.»

Ich wusste nur wenig über die Geschichte der europäischen Hexenkunst und kannte die Berichte über die Flugsalbe der Hexen nur oberflächlich, doch wusste ich natürlich, dass es ein Stoff ist, aus dem Legenden gemacht werden. Die Anwendung der Salbe bei den Zeremonien der Hexen, um mit übernatürlichen Mitteln zu fliegen, war ein wichtiges Thema in den Hexenprozessen der Inquisition. Soweit ich es verstand, gab es jedoch kein bestimmtes Rezept für deren Herstellung, und falls es je ein solches Rezept gegeben haben sollte, war es längst in den Nebeln der Zeit verloren gegangen.

Bridge senkte seine Stimme und begann so zu sprechen, wie der Bienenmeister zu seinem Schützling spricht: «*Der Bienenmeister weiß,* dass die Flugsalbe unserer Ahnen das Juwel in der Krone der alten Pharmakologie ist. Für den Laien war es ein Gift, aber für den Eingeweihten war es ein unerlässliches spirituelles Hilfsmittel.»

«*Der Bienenmeister weiß,* dass dies eine der beiden wichtigsten Unterweisungen aus dem Bienenstock ist, die andere ist die Verwendung des Heiligen Bienengiftes. Im Laufe der Jahre vermischte sich alles miteinander, und heutzutage ist die Flugsalbe nur zu einem weiteren Mythos geworden, zu einer Gute-Nacht-Geschichte für die Kleinen. Mein eigener Lehrer nannte es ‹Schmiermittel für Zauberer› – ein etwas ungehobelter Ausdruck, aber schließlich hieß Honig für ihn auch ‹Bienenspucke› , und» – Bridge hielt kichernd inne – «diesen heiligen Ort nannte er Kartoffelinsel.»

Ich konnte nur erkennen, dass Bridge lächelte, als er sich an seinen scharfzüngigen, respektlosen Wohltäter erinnerte, seinen Bienenmeister, einen *Sündenesser*[25] und einen Mann, der den Polarkreis erforscht und seine Expeditionen dadurch finanziert hatte, dass er als Bienen-Beschwörer Zauberkunststücke mit Bienen vorführte.

«Der offizielle Name dieser Salbe lautet in unserer Tradition Dunkler Flug. Diese Insel ist der Ort, wo sie hergestellt wird und wo der Lehrling sie kennenlernt.»

Es entstand ein kurzes Schweigen, damit ich aufnehmen konnte, was er gesagt hatte. Dann fuhr er fort: «Unsere Vorfahren stellten diesen psychoaktiven Honig ganz gezielt her, um ihn bei bestimmten Arbeiten als Werkzeug zum Hellsehen einzusetzen. Er wird wie Honig eingenommen und in der Form des rituellen *Metheglin*, des mit Kräutern versetzten Met. Genau genommen waren es die Bienen, die unsere Ahnen zu diesen heiligen Pflanzen führten. Nachdem sie, ohne sich der Konsequenzen bewusst zu sein, den köstlichen Honig zu sich genommen hatten, betraten jene Ahnen die Anderswelt und erlebten Ekstase und Kommunion mit unseren Geister-Verwandten. Danach folgten sie den Bienen zu den Pflanzen, aus denen dieser Honig gemacht wird, und damit wurde die Tradition geboren. Die Bienen riefen bestimmte Männer und Frauen, die dem Ruf folgten und danach strebten, eine Beziehung zum Bienenstock aufzubauen, weil sie sowohl zu jener als auch zu dieser Welt gehören wollten.

«Wann war das?», fuhr Bridge fort. «Bienen und Menschen arbeiten seit mindestens vierhunderttausend Jahren miteinander. Wie alt ist die Tradition, zu der du gerufen wurdest? Das kann ich dir nicht sagen, Twig, aber ich sage, dass Evas Apfel noch nicht gegessen worden war. Ich biete dir die Worte meines Lehrers an, der sie von seinem Lehrer bekam, und dieser wiederum von seinem: Wir sind eine Tradition, deren Wurzeln in eine Zeit zurückreichen, in der Geschichte zum Mythos wurde. Der Unterschied zwischen Geschichte und Mythos liegt darin, dass der Mythos immer wahr ist.»

«Diese Insel ist der Ort, wo unser Tanz mit der Biene begann, sie ist die Wiege, der Dreh- und Angelpunkt unserer Tradition. Der Grund dafür liegt in ihrer einzigartigen Flora, den Nachtschattengewächsen. Belladonna, auch Tödlicher Nachtschatten genannt, Stechapfel und Bilsenkraut, sie alle wachsen hier in einem Überfluss, wie er in diesem Gebiet von Britannien wohl einzigartig ist.» Ich wusste nun, warum Bridges Lehrer diesen Ort Kartoffelinsel genannt hatte: Alle diese Pflanzen gehören zur Kartoffelfamilie der Wildblumen Britanniens und Nordwesteuropas.[26]

«Obwohl sie in botanischen Büchern üblicherweise Seite an Seite beschrieben werden, haben Bilsenkraut und Tödlicher Nachtschatten ganz unterschiedliche Geister, Twig. Sie stehen sogar wie für zwei verschiedene Orte. Schau her.» Bridge zeigte auf eine Pflanze zu meinen Füßen. «Bilsenkraut ist klebrig und flaumig an den Fingern; es ist die exquisite, feuchte Ausströmung von Ödland und Sonne. Es ruft dich aus seinem verlockend dunkelvioletten Zentrum und seinen blassen, bernsteingelben Blütenblättern mit feinen violettbraunen Adern. Dagegen ist Tödlicher Nachtschatten die Emanation des Bösen in dunklen Ecken, eine sehr passende Pflanze für eine der Parzen. Sie ist entschlossen und stark, mit breiten Blättern und Blüten, die mit Schwermut beladen sind, und schwarzen, glänzenden Beeren. Aus diesen beiden und einer dritten, aus Nektar und Pollen der großen, weißen, trompetenförmigen Blüten des Stechapfels, wird der ‹Dunkle Flug› hergestellt. Du wirst dich mit den Geistern dieser Pflanzen befreunden müssen, denn sie sind bei dieser Arbeit unsere Verbündeten.» Bridge fuhr fort und erwähnte, dass sein eigenwilliger Lehrer das Bilsenkraut (englisch *henbane*) ‹verrückt› (Englisch *insane)* genannt hatte, wegen dessen Wirkungen auf bestimmte Leute, und dass das altenglische Wort *bane* ‹Tod› bedeutete. Ich fühlte mich zunehmend unwohl angesichts dessen, was mir bevorstehen mochte.

«Der herkömmliche Imker mag vielleicht seine Bienenstöcke in die Heide stellen, um dort die Bienen den besten Honig sammeln zu lassen, aber wir bringen unsere Bienenstöcke hierher – nur diese zehn, aber das reicht aus. Die Bienen sammeln den Pollen und Nektar von diesen Pflanzen und produzieren einen Honig, der das Ambrosia, die Quintessenz der Pflanzen ist, alles in einer Konzentration, die – zumindest soweit sich die Lebenden erinnern können, junger Twig – noch nie einen umgebracht hat. Den Bienen wird etwas über den Kandidaten erzählt, der zum ersten Mal den Honig einnehmen wird, und sie sammeln dann gerade so viel von den psychotropen Pflanzen, um die entsprechende Erfahrung zu bewirken; es ist ihr heiliges Rezept. Ein paar Pollenkörner, einige wenige Tropfen Honig – das macht die ganze Entfernung aus, welche zwischen der Erfahrung dieser Welt und der Erfahrung der Anderswelt liegt.»

Ich war sprachlos angesichts der Information, dass die Bienen diese mythische Flugsalbe produzierten und dazu noch in genau der Dosierung, die dem Neophyten am zuträglichsten war, wobei die Bienen selbst die notwendigen präzisen pharmazeutischen und energetischen Arbeitsabläufe durchführten. Ich blickte ins Rund der Bienenstöcke, die uns umgaben. Jeder Bienenstock stand mit dem Eingang nach außen, und jeder war ein wirbelnder Strudel von Leben unter dem unbeirrbaren Silberglanz der Sterne. Ich empfand eine seltsame Mischung aus Gefühlen: Angst vor dem, was mich erwartete, und gleichzeitig fühlte ich mich privilegiert, dass mir dieses Wissen anvertraut wurde. Das Feuer knackte und zischte, und um mich herum vernahm ich den tiefen Gesang Tausender von Bienen.

«Ich werde dir jetzt etwas über deine Aufgabe heute Nacht erzählen, und ich möchte, dass du gut zuhörst, damit nichts schiefgeht.» Ich war etwas perplex darüber, und das war meinem Gesicht auch anzusehen. Mein Verstand drehte sich wie ein Wirbelwind mit der Information, die ich gerade aufgenommen hatte. Bridge lächelte und sagte: «Verwirrung ist häufig das erste Stadium von Wissen. Was wir wollen, ist *aktives* Wissen statt brachliegendes, ungenutztes Wissen, davon gibt es heutzutage schon viel zu viel. Aktives Wissen kann zu Weisheit führen, wonach du streben solltest. Was ich heute Abend außerdem von dir will, ist authentisches Handeln, eine wahrhafte Tat, vermählt mit gesundem Menschenverstand, der, um die Wahrheit zu sagen, nicht besonders weit verbreitet ist.»

«Nun Twig, du weißt, dass ich nach dem Krieg mit meinem Lehrer nach Indonesien reise, um in der Nähe von Stabat an der Ostküste von Nordsumatra die Methoden der Bienenmeister kennenzulernen. Ich habe dir nicht erzählt, was uns dort passierte. Jetzt ist es an der Zeit, dir diese Geschichte zu erzählen, denn sie illustriert, wie der Einzelne auf diese Insel reagiert.»

«Der Mensch hat ein vorrangiges Recht und eine vorrangige Pflicht. Das eine ist untrennbar mit dem anderen verbunden; die menschliche Münze hat in der Tat zwei Seiten. Das Recht, das allen menschlichen Wesen verliehen werden sollte, ist das Recht, zu handeln, wie es dir gefällt. Hand in Hand mit diesem Recht geht jedoch die grundlegende menschliche Pflicht, die darin besteht, dass du die Konsequenzen deiner Taten akzeptieren musst.» Während er das sagte, wurde die Umgebung plötzlich von einer bedrohlichen Energie erfüllt. In dem Schweigen ließ sich nur noch schwer atmen, mein Magen krampfte sich zusammen, und mein Herzschlag beschleunigte sich unangenehm.

«Mein Lehrer und ich wurden vom Ältesten willkommen geheißen und verbrachten einige Tage mit dem Austausch von Wissen und mit der Vorbereitung auf die wichtige Zeremonie der Honigjagd. In dieser Zeit zeigte sich, dass etwas mit der Beziehung zwischen dem Ältesten und seinem Schüler nicht stimmte. Schließlich vertraute uns der Älteste an, dass sein Lehrling von der Zitze des Teufels gesäugt werde; er sei zur schwarzen Magie verführt worden und der Älteste habe Omen erhalten, dass der junge Bursche Opfer einer Tragödie werden könnte, sollte er der schwarzen Magie nicht abschwören.»

«Dem Ältesten zufolge und in Übereinstimmung mit dem, was *der Bienenmeister weiß*, taucht im Leben eines jeden Praktizierenden der Bienenweisheit wenigstens einmal die Versuchung auf, sich dem feuchten, stinkenden Tunnel der schwarzen Magie zuzuwenden. Der Älteste meinte, dass die Zeit der Bienenjagd – der wichtigste Teil im Zyklus der Zeremonien – die entscheidende Phase für diesen jungen Burschen sei. Die Atmosphäre um den Lehrling herum war magnetisch schwarz, verführerisch und schlammig. Er war damals ungefähr so alt, wie ich es war, und so alt, wie du jetzt bist, Twig. Er war von einer Macht erfüllt, so viel war klar, aber es war eine Macht, die nicht», flüsterte Bridge, »unserer solaren Gerichtsbarkeit untersteht.»

Bridge erzählte, wie der Tag der Jagd anbrach und wie zur rechten Zeit ein Baum gefunden wurde, der die Bienennester enthielt. Es war ein gewaltiger Baum aus der Familie der Hülsenfrüchtler und direkt darunter lag ein heiliger natürlicher Teich, der als Tor zu unterirdischen Bereichen galt. In Sumatra verfügten nur die erfahrensten Schamanen über ausreichend Wissen über die Geisterwelt, um die spirituellen und körperlichen Gefahren des Honigsammelns zu meistern. Sie hatten den Geist des Baumes günstig zu stimmen, in dessen Bereich der wilde Bienenstock gefunden wurde und in dessen Territorium eingedrungen wurde, falls der Honig zu einem bestimmten Zeitpunkt entnommen wurde. Zu den körperlichen Gefahren gehörte die Möglichkeit einer Begegnung mit Tigern und anderen wilden Tieren in der Nähe des Baumes, oder man konnte sterben, falls man beim Klettern auf dem Baum abstürzte, falls man von einer großen Anzahl Bienen gestochen oder vom Saft des Baumes vergiftet wurde. Das Honigsammeln wurde gewöhnlich von zwei Schamanen durchgeführt, dem älteren Bienenmeister, der als spiritueller Leiter fungierte, und dem jüngeren Lehrling, der den körperlich anstrengenden Teil übernahm, indem er auf den Baum kletterte und die Waben einsammelte.»

«Der junge Lehrling kletterte auf den Baum, wobei er eine langsam brennende Fackel trug und ununterbrochen sang und immer wieder die Fackel gegen den Ast schlug, der das Nest trug. Damit wollte er die Bienen dazu bringen, ihre Waben zu verlassen und der roten Glut zu folgen, die hinab zur Erde schwebte. Es durfte kein Metall verwendet werden. Die Werkzeuge mussten aus Holz, Bambus oder Schilfrohr sein; Metall hätte den Geist des Baumes angegriffen.»

«Auch ich wurde eingeladen, auf den Baum zu klettern, und wir hatten beide sechs Tage und Nächte gefastet. Es wurden noch weitere spirituelle Vorsichtsmaßnahmen ergriffen: Im Kreis unserer Familien durfte in letzter Zeit niemand gestorben sein, und kein Familienmitglied sollte gerade ein Kind bekommen haben.»

Beide Lehrlinge begannen mit dem Aufstieg, der Kelte und der Asiate. Bridge war jung und fit, der andere Lehrling war in der Kunst des Bäumekletterns geübt und kletterte vor ihm hinauf, die Fackel in der Hand.

«Was dann passierte, war außergewöhnlich und schrecklich zugleich. Anstatt den jungen Lehrling zu erkennen und mit ihm zu arbeiten, fingen die Bienen – die viel größer sind als die europäischen Bienen[27] – an, ihn gnadenlos anzugreifen, ihn immer wieder zu stechen, bis er vor Schmerz schrie und losließ und schreiend an mir vorbei direkt in den Teich unter uns fiel.

Als er in den Teich fiel, entstieg den Tiefen jenes Wassers ein schreckenerregender Ton, der einem das Blut in den Adern gerinnen ließ. Wir drei, mein Lehrer, ich selbst und der Schamanenmeister, erblickten eine grotesk aussehende, furchterregende Kreatur, die der Schamanenmeister als gehörnte Wasserschlange erkannte. Sie ergriff den Burschen und zog ihn unter Wasser. Jede Tat findet ihren Täter, Twig, und trotz einiger Versuche, der Jungen zu finden, indem der Teich mit Netzen abgesucht wurde, konnte seine Leiche nie gefunden werden. Es wurde allgemein akzeptiert, dass die Unterwelt ihn geholt hatte

– als Strafe für den Verrat am süßen Pfad der Bienenpriesterschaft.»

Bridge verstummte, starrte mich aber weiter an. Was wollte er damit andeuten? Würde ich in dieser Nacht von der dunklen Seite der Insel in Versuchung geführt werden?

«Zieh deine Sachen aus, Bursche; ich möchte dich so bloß gepellt sehen wie einen entrindeten Weidenstab. Du musst nackt sein. Das Leben ist nackt und der nackte Körper ist das authentischste Symbol für das Leben.» Ich hatte diesen Befehl schon halbwegs erwartet, aber nicht in diesem Moment, denn für mein Gefühl hätte es noch etliches zu besprechen gegeben. Als ich meine Kleidung ablegte, türmte Bridge Holzstücke zu einem großen Feuer auf, und so wie die Flammen wuchsen, nahm auch die Hitze zu. Mein Hintern, die Rückseite meiner Beine und mein Rücken waren kalt, und Bridge sprach weiter, während ich mich mit dem Rücken zum Feuer drehte, in dem Versuch, mich warm zu halten. Es funktionierte nicht wirklich, und ich fühlte, wie ein Kälteschauer mein ängstliches Herz ergriff.

Bridge öffnete das größere Glas, und der Duft von Honig stieg mir in die Nase. Er fasste mit seiner Hand in das Glas, das, soweit ich es im Halbdunkel erkennen konnte, einen weißen, cremigen Honig enthielt. Damit näherte er sich mir und sagte, ich solle mich umdrehen, so dass ich mit dem Rücken zu ihm stand. Als ich das tat, bemerkte ich, dass sich in den Schatten, direkt mir gegenüber, eine aufrechte Gestalt befand, die nun auf mich zukam. Es war die Bienenmeisterin, und hinter ihr stand Vivienne, die ich seit unserer zeremoniellen Begegnung nicht mehr gesehen hatte. Sie trug ihren Schleier, aber ich konnte erkennen, dass sie es war, und als sie mir entgegenkam, sah ich im Licht des Feuers den Umriss ihres Gesichts. Sie lächelte kurz, als sich unsere Blicke trafen, und ihre Augen loderten vor Kraft. Beide Frauen hoben dann kurz ihre Röcke und entblößten einen Augenblick lang ihre Weiblichkeit – sie trugen keine

Unterwäsche. Das war eine symbolische Geste, um unausgewogene Einflüsse in der unmittelbaren Umgebung zu vertreiben.[28]

Die Bienenmeisterin bedeutete Vivienne mit einem kurzen Nicken vorzutreten und es war klar, dass diese über das, was sie zu tun hatte, im Bilde war. Ohne ihre Augen von mir abzuwenden, tauchte sie ihre Hand in das Glas, das Bridge ihr hinhielt, und beide begannen sie damit, mich mit Honig einzustreichen. Vivienne begann an meiner Stirn und bewegte sich an der Vorderseite meines Körpers hinab, während Bridge bei meinen Füßen begann und sich an meiner Rückseite hinaufarbeitete. Ich war mir meiner selbst beinah überdeutlich absurd bewusst und dachte plötzlich, dass diese Einweihung, zumindest was meinen Part anging, wie ein Akt des Wahnsinns schien. Ich wusste auch, dass ich, indem ich meine Sachen auszog und Honig auf meinen Körper geschmiert wurde, symbolisch gestorben war. Falls ich das, was nun folgte, und falls ich auch die Insel selbst überleben sollte, würde ich wiedergeboren sein.

Der Honig aus dem größeren Glas wurde fast auf meinen gesamten Körper aufgetragen, aber auf meine Taille, mein Gesicht, meine Ohren und Achselhöhlen, in welchen beidseitig eine kleine Lücke gelassen wurde, trug Bridge sorgsam nur den Dunklen Flug auf. Dann wurde ich geheißen, das Glas auszukratzen und zu essen, was von der geheimnisvollen Substanz noch übrig war. Das waren knapp zwei Teelöffel Honig, die in meinem Mund sogleich ein Prickeln auslösten und die Mundhöhle dann taub werden ließen.

Viviennes Hände griffen nach meinen Genitalien, und gebieterisch trug sie die klebrige Flüssigkeit auf meinen Phallus auf. Unsere Blicke trafen sich, als sie aufschaute und mir mit einem triumphierenden Lächeln provozierend zuflüsterte: «Heute Nacht wirst du auf deinem Besenstiel reiten, Abgesandter!» In den folgenden Jahren würde ich noch lernen, dass Vivienne unglaublich witzig sein konnte. Sie hatte wohl den schrägsten Sinn für Humor und ein Talent zur Imitation, wie es mir sonst nicht begegnet ist. Aber wie ich jetzt so nackt da stand, von einer klebrigen, giftigen Substanz bedeckt, die im Allgemeinen immer noch als ein typisches Verbrauchsmaterial im Haushalt bekannt war, mitten im kalten Wind, auf einer kleinen abgelegenen Insel außer Reichweite eines dicht bevölkerten Feriengebiets, diese Vorstellung kam mir äußerst absurd vor, und ich unterdrückte ein Lachen. Aber zugleich hatte ich auch Angst vor dem, was mir bevorstand. *Tja, Twig, du wolltest ein Abenteuer, und nun erlebst du eins,* sagte ich zu mir selbst.

Als mein Körper ganz von einer schützenden Honigschicht bedeckt war, wurde mir im beißenden Wind wärmer und meine Körpertemperatur stieg an. Bald machte mir der stürmische Wind um mich herum nichts mehr aus, wie ich nackt und glitzernd dastand. Die Bienenmeisterin trat mit meinem Ahnenstab hervor und band ihn mir hinten um die Hüfte, so dass er wie ein Schwanz über meinen Hintern hinweg herabhing. Vivienne übergab ihr dann einen Beutel nach dem anderen, insgesamt fünf, von denen jeder Pollen enthielt, die sie über meinem Kopf verstreute. Dann blies sie eine Prise davon in mein Gesicht, wobei sie bei jeder Gabe die Worte *nepastovus zmogus* wiederholte – «Mann in Veränderung» –, gefolgt von einer einfachen Bitte um den Segen der Götter: *sudi-u.*

Die Frauen traten ein paar Schritte zurück und begannen einstimmig zu singen.

Aiii Daiii Idem Jano
Vornio Poroi-ii
Aiiii Daiii Idem Jano
Vornio Poroi-ii ...

Ihr Gesang schwoll zu einem eigentümlich sich wiederholenden orphischen Klang an, mit langen, merkwürdigen Tönen in einer Sprache, die den Menschen schon lange verloren gegangen ist, ein klingendes Betäubungsmittel, unter dessen Einfluss ich geriet, während ich dastand und in die Flammen des Feuers starrte. Als die Melodie nach und nach deutlicher hervortrat, schien sie so alt, so zeitlos, dass sie mich sowohl tröstend als auch entwaffnend berührte. Das Lied sprach in mir etwas Archaischeres an als ein rein musikalisches Hören, etwas viel tiefer Liegendes als Geschmack oder Vernunft. Die Melodie schuf eine unbeschreibliche Stimmung, eine noetische Vision der dualen Seele der Insel.

Bridge trat nach vorn, so dass sich unsere Blicke trafen. Er schaute mich an, wie vielleicht ein Vater seinen Sohn anschaut, wenn dieser in die Schlacht zieht. Es war ein Blick von Zärtlichkeit, Mitgefühl und vielleicht auch ein Blick mit einer Spur von Bedauern. Gütig begann er zu sprechen, der Gesang der Frauen bildete dazu den hypnotisch verzaubernden Hintergrund. «Ich werde dir die Anweisungen für die Nacht geben. Die wichtigste Anweisung lautet: Schlafe hier nicht ein, denn der Schlaf ist die Waffe der Nachtschatteninsel. Der kleinste Unfall kann dazu führen, dass versiegelte, sehr primitive Welten aufgehen, und ich will nicht, dass du heute Nacht verloren gehst. Und vergiss nicht die Botschaft, die meine Geschichte für dich enthält.»

Dann fing er mit einer Liste detaillierter Anweisungen an, die ich ihm, darauf bestand er, wiederholen musste, so dass er sicher war, dass ich alles verstanden hatte. Nun, da der Dunkle Flug auf meiner Haut verrieben worden war, würde ich zwei Stadien der Erfahrung durchlaufen. Das erste Stadium würde eine Phase des Behagens und der Sensitivität umfassen, welche dann von einer Phase großer Ruhe und Schwerfälligkeit gefolgt sein würde, wobei sich die Aufmerksamkeit von äußeren Reizen auf die Innenschau verschieben würde. Das räumliche Bewusstsein würde weitestgehend aufgehoben, und ich würde wahrnehmen, wie sich mein Körper verformte. Ich könnte auch Fieber, Krämpfe und einen Verlust des Kurzzeit-Gedächtnisses erleben. Aber keines dieser Dinge dürfte mich von meiner Aufgabe abbringen, die darin bestand, zum Feuer hinzutanzen. Außerdem, fügte Bridge hinzu, stehe es mir frei, jene Früchte vom Wegesrand zu pflücken, nach denen mir der Sinn stehe. «Aber pflücke weise, Twig. Und zögerst du auch nur einen Augenblick, und sei es auch nur ganz kurz, so wird der Moment, den zu treffen du hier bist, verloren sein.»

«Tanze!», rief Bridge plötzlich. «Auf das Feuer zu und wieder zurück!» Während er dies sagte, begann er sein *Tanging Quoit* zu schlagen, dessen Klang sich mit der Musik der Bienen über die Insel ausbreitete. Die Frauen sangen lauter, wilder und intensiver.

Als ich anfing zu tanzen, merkte ich, wie ich, ohne es zu wollen, eine Erektion bekam. Mit einer Erektion zu tanzen, war ziemlich unbequem, wie sich bald herausstellte, aber es war mir keinen Moment peinlich und ich hätte auch gar nichts daran ändern können. Mir war klar, dass meine Erregung der Wirkung des Dunklen Fluges zuzuschreiben war, und mich der Worte der Melissa erinnernd, dass ich heute Nacht meinen Besenstiel reiten würde, ergriff ich mein erigiertes Glied mit beiden Händen und tanzte weiter.

Ich bewegte mich, halb stolpernd, auf das Feuer zu und wieder von ihm weg, und ich sah die Sterne über mir funkeln wie glitzernde Fische. Da fühlte ich, wie etwas auf mich herabfegte, als würde ein heftiger Sturm die Dinge in sämtliche Richtungen zerstreuen. Ich sah meine Erektion auf absurde Länge anwachsen, sie wurde fast einen halben Meter lang und hatte sich von etwas aus Fleisch und Blut zu etwas verwandelt, das sich anfühlte wie massives Holz und gerade so aussah. Ich ritt auf dem Besenstiel, und der Ahnenstab schlug hinter mir wie ein Schwanz und sah aus wie die Zweige eines Besens, und mit jedem abgeschlossenen Bewegungsablauf auf das Feuer zu und wieder davon weg wurden meine taumelnden Bewegungen flüssiger, und mein Körper verfiel in einen eigenen, ihm gemäßen Rhythmus.

Ich hatte mich jetzt sehr darauf zu konzentrieren, meine Aufmerksamkeit zu halten, denn sobald ich in meiner Aufmerksamkeit nachließ, auch nur einen Moment lang, begann mein Verstand in den Strömungen eines riesigen dunklen Meeres zu verebben, durch das mein Körper nun zu schwimmen schien. Mein Körper wogte auf das tosende Feuer zu und von ihm weg wie die Gezeiten. Meine Augen blinzelten zu der Straße über mir hinauf. Es sollte doch eigentlich eine einfache Aufgabe sein: Bewege dich auf das Feuer zu, ziehe dich von ihm zurück, bewege dich auf das Feuer zu, ziehe dich zurück. Doch die Anstrengung, die dafür erforderlich war, entsprach ungefähr der, die man brauchte, um auf einem Seil über einen unendlich tiefen Abgrund zu gehen: beides erforderte eine uneingeschränkte und sehr große Konzentration. Ich wagte es, kurz um mich zu blicken, nur einen Moment lang, und da sah ich, dass die Gesichter um mich angespannt waren vor Emotionen. Bridge erkannte ich kaum wieder, und es schien, dass Vivienne transformiert worden war. Sie zuckte wie eine wilde Mänade, ihr blaugelbes Kleid ließ sie seltsam und schlangengleich aussehen, und ihr ganzer Körper schüttelte sich, als wäre sie von der Schlangenkraft selbst besessen. Ich fühlte mich wie geschmolzenes Wachs im Schmelztiegel des Herrn des Tanzes, vollführte einen Tanz aus Temperament und Kraft, mit einer Energie, die mir aus der eigenen Bewegung zuströmte.

Wieder kam Bewegung in den Bereich meiner Genitalien. Der Hodensack, und was darum herum liegt, wuchs, und mir entfuhr ein Schmerzensschrei, als ich fühlte, wie sich Haut und Sehnen ausdehnten, weiteten und größer wurden. Aber der Schrei, der sich aus meiner Kehle löste, stammte nicht von der Stimme, die ich kannte, das hörte sich nicht an wie die Stimme eines Mannes, der Angst und Schrecken zum Ausdruck bringt, sondern eher wie der Laut eines Tieres, eines Hirsches – *des* Hirsches, jener, den ich mit Pollen getötet hatte, dessen Hodensack ich rituell entfernt und in meinen Ahnenstab aufgenommen hatte. Ich war jener Hirsch, eins mit ihm, symbiotisch verbunden, sein Geist verschmolz mit dem meinen – ein Hirsch auf der Höhe der Brunft, mit der prachtvollen Krümmung eines rutenförmig gebogenen Penis, der zu den Sternen wies. Ich sah, als sähe ich zum allererstem Mal, mit unverwandtem Blick, wie mein erschaudernder Körper einen großen Strahl Urin aufwärts in die Luft absetzte. Und so bezeugte ich röhrend meine gehörnte Dominanz.

Cernunnos, Gehörnter,
Cernunnos, Herr der Sonne,
Herne, der Jäger und der Gejagte,
Hirschgott der Erde …

Bridges Stimme erscholl im Chor mit den Stimmen der Frauen, begleitet von seinem *Quoit*. Er sang zum Gehörnten, zum Hirschgott, zu Pan, zum Gott der Bienen, zu Herne, zur Saat des sich vorwärtsdrängenden ursprünglichen Lebens, und die Frauen hüllten sein Lied in einen Halt gebenden, fest schließenden Umhang aus Traumklang. Ich sah, wie Bridge ungefähr sechs Meter von mir entfernt stand und mich ansah, dabei hielt er eine Armbrust in der Hand. Er bewegte sich langsam und hob sie an sein Auge. Aber das bedeutete mir nichts, und ich tanzte weiter. Meine wogende Wildheit und die mitreißende Musik löschten jeden Gedanken, die Musik hatte den schlafenden dionysischen Geist in mir geweckt.

… der Jäger und der Gejagte …

Mit jedem Schritt fühlte ich, wie ich mich veränderte, wie meine Bewegungen ausladender wurden, länger, höher. Mein Körper bewegte sich nun von selbst, weit jenseits der Macht meines Willens. Ich sah nur zu, war ganz Beobachter, als ich über die Flammen des Feuers sprang, als ich etwas tat, das eigentlich unmöglich war, denn das orangene Gebrüll war ungefähr zwei Meter breit und doppelt so hoch. Und doch schien ich mich mit Leichtigkeit darüber hinaus- und durch es hindurchzubewegen. Ich landete, drehte mich um, und rannte erneut auf die Flammen zu. Dieses Mal sprang ich sogar noch höher. Ich hob ab und landete ungefähr einen Meter hinter dem Kreis der Flammen. Ich landete mit Anmut und Leichtigkeit, sog die Nachtluft in meine Lungen, schnaubte wie ein mächtiger, stolzer Hirsch, schnaubte und rief – aber wonach?

Der Jäger stützte die Armbrust gegen seine Schulter, zielte mit ihr auf den Hirsch, als dieser das Feuer und die Sterne in der Pracht seiner überschäumenden Lebenskraft anbellte. Wieder wendete der Hirsch sich zum Feuer und ich wusste, dies würde der letzte Sprung sein. Ich wusste, dass damit ein bedeutender, aber unbestimmter Moment erreicht war. Ich drehte mich um und fühlte, wie Lebenskraft mich durchströmte. Wenn ich in diesem Augenblick sterben musste, würde ich sterben, während ich meinen letzten Tanz getan, meine letzte Schlacht geschlagen hatte, mit allem, was mir eigen war, eine vollkommene Tat, in Ehrerbietung an das Geheimnis, das mein Leben war.

Ich war ganz und gar pumpender Muskel, Blut und Männlichkeit, als ich rannte und vorwärtssprang, und in jenem Moment sah ich, wie ein Pfeil aus Blitzen auf mich zuraste. Aber anstatt diesmal höher und weiter zu springen, sprang ich niedrig, denn ich wollte mich von den Flammen taufen lassen. Ich sprang mitten ins Feuer. Der Pfeil traf mein Herz. Die Zeit stand still.

Ich hörte eine Stimme durch die überwältigende Dunkelheit, die mich wie ein Leichentuch umfing, starr vor Kälte, verloren in einem Moment, der zur Ewigkeit gefroren war. Um mich nichts und niemand. Schlief ich? Wieder vernahm ich die Stimme, flüchtige Klänge, die sich verdichteten und wieder zerfielen: «Schlaf nicht ein.» Aber Schlaf war alles, was ich wollte. Mit jedem Augenblick, den ich in diesem Chaos verbrachte, wurde mir kälter.

Eine einzelne Schneeflocke fiel in das Feuer, und von weitem erkannte ich, dass ich das war: dahinschmelzend, verängstigt und hilflos.

Etwas trieb auf mich zu. Ein Funken? Glut? Eine Schneeflocke? Nein. Als es näher kam, sah ich, dass es eine einzelne Biene war, die ins Feuer flog und ihren Weg auf meine Hand fand. Sie krabbelte meinen Arm hoch, gelangte über meine Lippen zum Mittelpunkt der Stirn, saß zwischen meinen Augen und stach mich. Ich beobachtete all dies in Zeitlupe, wie aus weiter Ferne, als sähe ich einen Film von mir als Schnee, Fleisch, Feuer. Ich fühlte, wie das Heilige Gift in meinen Blutstrom gelangte, und beobachtete, wie die Biene sich spiralförmig bewegte, um ihren Stachel herauszuziehen, ohne darüber ihr Leben zu verlieren.

Nachdem sie ihre Aufgabe erfüllt hatte, verschwand sie durch die Flammenwand und eine andere Biene erschien, diesmal mit sechs weiteren. Die sechs landeten auf meinem Nacken, und auch sie stachen mich mit ihrem Gift. Die siebente platzierte ihren Stachel zuoberst auf meinem Kopf, im Traumrad. Mein Schrei war lautlos.

Daraufhin gab es eine kurze Pause … und dann sah ich sie: Von überall her tauchten Bienen auf. Sie kamen nicht aus den Flammen, sondern aus dem Krater, in dem das Feuer brannte, aus der *Caldera*, dem Zentrum des Geheimnisses. Sie kamen zu Tausenden, krabbelten über meinen Körper, bedeckten mich wie ein lebendiges Laken von Kopf bis Fuß. Ich fühlte, wie sich ihre Füße auf meiner Haut bewegten und wie sie begannen, den Honig von mir abzulecken. Diesmal gab es keinen Schmerz – nur Ekstase.

Ich sah ihren Klang wie Lichtwellen über meinem Körper zusammenschlagen, ihr kollektives Summen begann einen Sinn zu ergeben. Ich hörte Worte, sah Bilder und nahm Gefühle wahr, alles auf einmal, als geballte Ladung des Wissens aus dem Bienenstock, und ich wusste, dass dies das Lied der Bienen war und ich mir die Worte einzuprägen hatte. Aber ich war so müde. Jedes Mal, wenn ich mich den Armen des Schlafes überlassen wollte, vom Wiegenlied der Bienen in eine sanfte Nacht geschaukelt, gab es einen scharfen und eindeutigen Schmerz, wenn ein Stachel sein Gift in meinen Körper entließ, und das Lied ging weiter. Es war das Lied der Schöpfung.

Ewige Eltern war umhüllt vom Schlaf der Kosmischen Nacht.

Es gab kein Licht, die Flamme des Geistes war noch nicht wieder entzündet.

Es gab keine Zeit, der Wandel hatte noch nicht wieder eingesetzt.

Es gab keine Dinge, die Form hatte sich noch nicht wieder gezeigt, noch gab es Handlungen, denn es gab keine manifesten Dinge, um damit Handlungen zu vollbringen.

Weil es keine Dinge gab, gab es keine Gegensätze, und somit – auch keine Polarität.

Ewige Eltern, unergründlich, unteilbar, unwandelbar und unendlich,

ruhte in einem selbstvergessenen traumlosen Schlaf, und außer Ewigen Eltern gab es nichts, weder real noch scheinbar.

Der Keim im Kosmischen Ei nimmt von selbst Form an.

Die Flamme wird wieder entfacht.

Die Zeit beginnt, und Dinge existieren, und mit diesen Veränderungen entstehen Handlung und Polaritäten, und der Kosmos macht Liebe mit sich selbst, und die Genese einer Weltseele manifestiert sich.

Somit wird das Eine zu Zweien, das Neutrum wird zu zwei Geschlechtern, männlich und weiblich, die zwei in einem entwickeln sich aus dem Neutrum, und eine Generation beginnt.

*Dieses Eine, das zu Zweien wird, generiert die Vielen,
somit wird die Einheit zur Vielfalt, das Identische wird
zur Verschiedenheit, doch die vielen bleiben Eines.*

*Die Vielfalt bleibt Einheit und die Verschiedenheit
bleibt identisch. Somit bleibt das Wesen des Einen
erhalten, während es eine Vielzahl von Ausdrucks-
formen annimmt.*

*Das Eine ist die Flamme des Lebens, die vielen sind
Funken dieser Flamme.*

*Somit ist das Leben die Essenz des Geistes, und das
Bewusstsein ist die Essenz des Lebens. Der Geist ist
Eines, eine wesentliche Einheit, die sich in unter-
schiedlichen Lebensformen manifestiert, welche das
Leben an sich als Eines in unterschiedlichen Bewusst-
seinsformen manifestiert.*

*Somit manifestiert sich aus einem Schöpfenden die
Schöpfung.*

Diese Schöpfungsgeschichte entfaltete sich weiter, dargestellt von detaillierten Bildern, die von der Geschichte des
Kosmos zu unserem Universum, zu unserem Sonnensy-
stem und schließlich zur Erde, unserer Heimat reichten.
Ich sah dabei zu, wie tektonische Platten langsam über die
Erde wanderten und aufeinander einwirkten: Manche rie-
ben sich an ihren Nachbarn, andere stießen zusammen,
und wieder andere schlüpften unter angrenzende Platten,
um dann zurück in darunterliegenden Tiefen im großen
Ganzen aufzugehen, wie das verschwindende Ende eines
Förderbands, bis sie wieder wie flüssige Materie aus unter
dem Ozean liegenden Gräben und Spalten aufstiegen, um
auszukühlen und sich zu Felsen zu verfestigen. Die Erde
war in ständiger Bewegung; Berge erhoben sich, Felsen
brachen ab, Ozeane wuchsen, Kontinente ordneten sich
neu – all das geschah im Zuge langsamer, tektonischer
Wanderungen über das Antlitz des feuerglühenden Erd-
balls. Aber jenseits davon war es leer und still, der Kosmos
wartete auf die Ankunft der Vielfalt des Lebens.

Die Zeit verging, und dann kamen sie; ich wurde Zeuge dessen, was Adam am Morgen seiner Erschaffung erblickt haben musste – das Wunder, Augenblick um Augenblick, der nackten Existenz. Aus der Unendlichkeit selbst kamen sie; der große Schwarm der sich in Spiralen bewegenden Lemniskaten kam an und trug die genetischen Codes und Blaupausen für alles Leben auf der Erde, die Muster der Vererbung. Die geflügelten kosmischen Helixspiralen trafen ein und stürzten tief in das Feld der Erde, trugen Mythen in ihrer Bewegung, jede ein klingender, vibrierender Strang; kreative Magie brachte sich selbst in einer Symphonie göttlicher Harmonien zum Ausdruck. Die Schalentiere erhoben sich aus den Gezeiten und blütenkopfähnliche Zoophyten aus einem seltsamen Zeitalter nackten pflanzenlosen Landes tauchten aus den schwappenden fischlosen Ozeanen auf, aus Gewässern ohne Namen. Innerhalb und unterhalb dieses unverständlichen, vorbestimmten Marsches von Millionen von Sommern und verblassenden Bildern durcheilten die Fische, unsere Ahnen, die Wasser späterer Welten. Die ersten Bienen flogen über riesige Wälder, deren Wurzeln im Schlamm standen. Sie lebten in Paaren und in kleinen Familien, wichen großen Spinnen und Tausendfüßlern aus. Libellen mit einer Spannweite von über einem Meter nisteten im Unterholz am Ufer eines unendlichen Ozeans. Kontinente begannen sich voneinander zu trennen, und es entspannen sich Beziehungen zwischen den ersten Honigbienen und unseren Vorfahren. Der Pfad des Pollens wurde geboren auf der Insel der Nachtschatten.

Vor mir erstanden die Geschlechter unserer Tradition: die Gesichter von Frauen und Männern, deren Neigungen, ihre Stärken, Talente und Aufgaben. Und ich sah jeden Einzelnen, wie sie oder er in den Weg der Biene eingeweiht wurde. Schließlich erkannte ich das Gesicht des jungen Bridge, wie er seine eigene Einweihung in den Bienenstock durchlebte.

Und dann verebbte er, dieser großartige Zustrom an

Information, verschwand, so wie Bienen davonfliegen oder der Rauch eines Feuers in einer Spirale zu den Wolken aufsteigt. Ich kehrte zurück in die Gegenwart und, bildlich und in Wirklichkeit, wurde des ersten Lichtes gewahr. Ich war wieder bewusst menschlich, war zurück in jener wunderbaren Illusion von Gewissheit und Sicherheit, die wir Wirklichkeit zu nennen gelernt haben.

Die Flammen waren erloschen. Auf meiner Haut waren ein oder zwei Bienen zurückgeblieben. Sie leckten die letzten winzigen Tropfen Honig von mir.

Die Flammen des Feuers waren glimmender Asche gewichen, die zuvor rasende Hitze war nun nur noch ein warmes Glühen neben mir, mein Ahnenstab hing bemerkenswerterweise immer noch um meine Taille, nur ein wenig angesengt. Ich blickte auf und sah Bridge neben seinem Tornister sitzen. Er nickte mir sanft zu und lächelte. Die Bienenmeisterin war gegangen, genau wie Vivienne. *Wie bemerkenswert, ein menschliches Wesen zu sein*, dachte ich.

Ich stand auf und die Bienen flogen zurück zu ihren Stöcken. Ich wusste, dass meine erste Pflicht darin bestand, den Bienen zu danken und ihnen von meiner Vision zu berichten. Ich ging zum ersten Bienenstock und begann meine Geschichte weiterzugeben. Sie murmelten zustimmend, ich ging zum nächsten Stock und dann weiter zum nächsten, bis ich einmal im Kreis herum war und alles in vollem Umfang weitergegeben hatte. Dann ging ich zurück zur glimmenden Asche im Nabel unserer Welt.

Bridge hatte meine Kleidungsstücke und sein Hab und Gut eingesammelt, und wir machten uns schweigend auf den Weg zum Boot zurück. Ich ging nackt im frühen Morgenlicht, die wenigen Wolken glichen glühenden Kohlen am Himmel, wie frisch aus dem Feuer geholt. Ich ging hinunter ans weinfarbene Meer, wo uns ein sanfter Morgennebel begrüßte, und ich beobachtete die Strahlen des ersten Sonnenlichts, die Bridge die goldenen Pfeile der Dämmerung nannte. Ich setzte mich einen Augenblick hin, blickte auf das matte Licht auf dem Wasser, fühlte die Asche in meinem Haar und zwischen meinen Zehen und warf mich mit einem Hechtsprung in die Fluten. Das Wasser empfing mich mit eisiger Umarmung und Stichen in den Bauch. Ich erhob mich aus der Reinigung des Meeres, als wäre ich neugeboren. Und tatsächlich: Wie die Insel selbst, so war auch ich wiedergeboren worden – erst aus der Gebärmutter und jetzt durch den Ritus – und mir war klar, dass die Insel bei dieser zweiten Geburt durchaus mein Leben hätte fordern können.

Die beiden Frauen warteten neben dem kleinen Boot, in das wir kletterten. Plötzlich war ich erschöpft. Die Bienenmeisterin holte einen Behälter mit dampfender süßer Kirschsuppe hervor, ein Lieblingsrezept aus dem Land ihrer Vorfahren, und Bridge reichte einen Pfefferminz-Riegel herum. Nachdem ich gegessen hatte, durfte ich schlafen. In meinem Traum war ich ein Baby, eingewickelt in eine weiche weiße Decke, wurde ich sanft von meiner Mutter gehalten, die mir liebevoll ins Ohr flüsterte. Der Klang von Bridges Stimme, der sein Lied der Rückkehr sang, kam und ging, während wir bei gleichmäßigem Seegang Kurs nahmen zurück auf englisches Festland.

Ernte bringen wir ein, Ernte bringen wir ein,
wir haben gepflügt, wir haben gesät,
wir haben geerntet, wir haben gemäht.
Und brachten eine jede Ladung sicher heim.

9

Die Umarmung der Erde

... lass Honig
überfließen in
unendlichen
Zungen, und lass den Ozean
zu einem Bienenstock
werden ...
PABLO NERUDA

Ich war recht überrascht, als Bridge mir erzählte, es sei
Zeit für uns, eine weitere Reise zu unternehmen. Diesmal
würden wir nicht über Wellen fahren, sondern über Land,
hinunter in einen Teil von Britannien, der Bridge fast so
lieb war wie seine Heimat Wales. Wir wollten Kernow,
Cornwall, ansteuern, und zwar das Gebiet von West Pen-
with, einen Landstrich im äußersten Südwesten Britanniens. Es handelt sich dabei tatsächlich um das Ende des
Landes, Lands End. Ehe wir relativ bequem mit dem Auto
auf geteerten Wegen und festen Straßen losfuhren, deutete
Bridge an, dass wir dort auch auf anderen Wegen hingelan-
gen sollten – auf Wegen, die gänzlich anders beschaffen
sind.

«*Der Bienenmeister weiß*, dass es drei Straßen gibt,
die nach Kernow führen, junger Twig: die öffentliche, die
private und die geheime. Wir können uns dieser Landschaft auf der öffentlichen Schnellstraße der Geschichte
nähern, die durch ein reiches Land führt; ihr Einfluss win-
det sich wie ein goldener Faden durch die Geschichte unserer Inseln. Oder wir können auf dem privaten, vielfach

gewundenen Pfad der Legenden nach Kernow gelangen. In diesen Pfad sind Sagen und Überlieferungen eingewebt, die jenen etwas bedeuten, deren Herz auf diese Tonart gestimmt ist. Und es gibt noch einen dritten Weg, um dorthin zu gelangen: die geheime Grüne Straße der Seele, die durch eine verborgene Tür in ein Land führt, das nur dem Starken Auge, dem Auge der Vision, vertraut ist.»

«Kernow übt auf uns eine besondere Anziehungskraft aus, da es noch Spuren jener versunkenen Inseln in sich trägt, Lyonesse und Atlantis, die in den Tiefen unseres Geistes verloren gegangen sind. Dieser Ort hat seit jeher eine magnetische Wirkung ausgeübt; wir werden unwiderstehlich dorthin gezogen, um eine bestimmte Arbeit zu tun.» Wenig wusste ich davon, dass dies prophetische Worte waren, denn die Wirkung der Arbeit, die ich dort tun würde, sollte später dazu führen, dass ich diese Landschaft zu meinem Zuhause machte.

Ein weiter Himmel erstreckte sich vor uns, als wir uns auf die lange Fahrt begaben. Unser vertrautes Gewebe aus Schweigen senkte sich auf uns. Das Schweigen war unser Ornat, in dieser mönchischen Stille war vieles lebendig – keine Spur von Verlegenheit, sondern echtes aktives Schweigen.

Als es an der Zeit war, fing Bridge an zu sprechen. Er schlug einen bestimmten Ton an, ohne jedoch vorab zu enthüllen, worum genau es bei der bevorstehenden Arbeit gehen werde: *«Der Bienenmeister weiß,* dass das Leben jeder Region letztlich von deren geologischem Untergrund geprägt ist, denn dieser setzt eine Kettenreaktion in Gang, die sich in den Strömen und Quellen eines Landes fortsetzt, in dessen Vegetation und dem Tierleben, das sich davon nährt, und findet schließlich in genau jenem Menschentyp seinen Ausdruck, der sich von dem Land angezogen fühlt und dort lebt. In buchstäblich tieferem Sinn bringt die Struktur des Gesteins eines Landes dessen Innenleben hervor. Granit, Serpentin, Schiefer, Sandstein, Kalkstein, Kreide – sie alle haben ihre ganz eigene Persönlichkeit, die von dem Zeitalter abhängt, in dem sie dort abgelegt wurden, jedes Wesen ist an eine bestimmte Phase in der Entwicklung der Erde gebunden. Der geologische Untergrund ist die kollektive Entsprechung des unterdrückten Unterbewusstseins des Individuums. Er ist das Traumleben und die Traumzeit aus Phantasma und Mythos, aber auch das Reich der Schatten. Also, Twig, alles beginnt unter der Oberfläche der Erde.» Übergangslos begann er, eines von Grimms Märchen zu erzählen, die Geschichte eines starrköpfigen Kindes. Genauso verblüffend wie die Geschichte selbst war die Tatsache, dass er sie in perfektem Deutsch wiedergab, in einer Sprache, die ich selbst einigermaßen flüssig sprach, von der ich aber nicht wusste, dass er sie konnte. Die kurze Geschichte heißt «Das Eigensinnige Kind»:

«Es war einmal ein Kind eigensinnig und tat nicht, was die Mutter haben wollte», begann Bridge. «Darum hatte der liebe Gott kein Wohlgefallen an ihm und ließ es krank werden, und kein Arzt konnte ihm helfen, und in kurzem lag es auf dem Totenbettchen. Als es nun ins Grab versenkt und Erde über es hingedeckt war, so kam auf einmal sein Ärmchen wieder hervor und reichte in die Höhe, und wenn sie es hineinlegten und frische Erde darüber taten, so half das nicht, und das Ärmchen kam immer wieder heraus. Da musste die Mutter selbst zum Grabe gehen und aufs Ärmchen schlagen, und wie sie das getan hatte, zog es sich hinein, und das Kind hatte nun erst Ruhe unter der Erde.»

«Dann», so ergänzte Bridge, «ruhte es in den Armen seiner Wahren Mutter, der Erde.» Das war die ganze Geschichte. Ich wusste, dass sie mir nicht als Warnung für ungezogene Kinder erzählt worden war – dazu war es bei mir ja auch etwas spät –, sondern im Hinblick auf die dunkle Seite des Wesens der Dinge. «Du siehst also, Twig, es beginnt alles unter der Oberfläche der Erde», wiederholte er. Während der Fahrt blickte ich aus dem Fenster und sah, wie sich die Landschaft veränderte, sie ging von sanften Hügeln in karge Ödnis über, und ich dachte darüber nach, inwieweit die alten Märchen für uns einen weit größeren Reichtum bereithalten als die Geschichten des zeitgenössischen Sozialrealismus'.

Wir brauchten fast den ganzen Tag und bis in den frühen Abend hinein, ehe wir die Halbinsel Lands End erblickten, mit ihren weitab liegenden, dunkelblauen, grüblerischen Hügeln. Wir waren fast am Ende unserer Reise angelangt und fuhren nun auf schmalen Wegen mit scharfen Kurven, die eher für Fuhrwerke geeignet schienen denn für pferdelose Beförderungsmittel. Schließlich hielten wir an einem kleinen, einsam stehenden Farmhaus an, das Bed-and-Breakfast anbot. Es lag an den Mooren. Die Besitzerin kam heraus, um uns zu begrüßen. Sie war eine attraktive Frau mit skandinavischem Teint und kräftiger Statur, ihre Augen hatten die Farbe von Horn, ihr weißblondes Haar trug sie in Zöpfen geflochten und zu einem Kranz hochgesteckt. Sie musterte mich von oben bis unten und sagte dann etwas zu Bridge in einer Sprache, die ich nicht verstand, also fragte ich Bridge, welche Sprache es denn sei.

«Ich habe Kornisch mit Ihrem Onkel gesprochen», antwortete sie mit fester Stimme, während sie sich die Hände an ihrer rot karierten Schürze abwischte, ihre Augen zusammenkniff und mich ansah. Ihr Kommentar schien Bridge zu erfreuen und zu amüsieren; und es war klar, dass sie einander kannten. Ich erspähte mehrere Bienenstöcke, die hinter einer schützenden Mauer standen.

Nachdem uns unsere Zimmer gezeigt worden waren, gingen wir nach unten in einen kleinen Raum mit einem dunkelrosa Teppich. Der Raum diente als Esszimmer, und unsere Gastgeberin gab Kohle aufs offene Feuer. Als die Kohlen zischten, stellte sie eine dampfende nach örtlichem Rezept zubereitete kräftige Brühe auf den Tisch und servierte Tee aus einer großen silbernen Kanne. Nachdem wir unser Mahl beendet hatten, verließen wir das Haus. Mir war nicht gesagt worden, wohin wir gingen.

Wir durchquerten den Garten, in den Lichtstrahlen,

die aus der Küche fielen. Es schien so adrett und ordentlich, dass es mir vorkam, als sei ein Stückchen Holland nach Cornwall verpflanzt worden. Die Luft war aromatisch und es war zu spüren, wie sich der Himmel im Tanz der Moleküle verdunkelte. Entlang einer Feldsteinmauer waren die Bienenstöcke aufgereiht, wir hatten unser Ziel erreicht. Um sie herum prunkten die süß duftenden pinkfarbenen Quasten der Drachenbäume und die Blätter der *Gunnera*, des Mammutblatts, einer aus Südafrika importierten Pflanze, die eine Spannweite von bis zu einem Meter achtzig erreichen kann und sich in Mulden versteckt, rot-zähnig wie wilder Rhabarber, mit klebrigen Blütenzapfen. Aber es sind die Bambusbüschel mit ihrem Duft nach feuchten orientalischen Stoffen aus einem frisch geöffneten Überseekoffer, die mich jetzt noch an meine Zeit mit Bridge in Kernow erinnern.

Der Bienenmeister ging zu jedem der drei Bienenstöcke hin und begann leise zu summen und zu singen, so wie ich es schon viele Male zuvor mit ihm erlebt hatte. Es war immer wieder faszinierend, dabei zu sein, wenn die Bienen auftauchten und über ihm schwebten. Er erzählte den Bienen leise von unserer Arbeit – von dem, was mir erst noch enthüllt werden sollte – und lauschte der Weisheit des Bienenstocks in dessen Summen. Auch ich stellte den Kontakt zu den Bienenstöcken her und jawohl, sie kamen und schwebten auch über mir. Obwohl ich sehr wohl bemerkte, dass sie in ihrem Tanz und ihrem Lied mir vielleicht weniger eifrig zugetan waren als dem Bienenmeister, kamen sie dennoch zu mir, um meinen Worten zu lauschen und in honigsüßen Zungen zu sprechen. Damit ging der Tag zu Ende. Es war Zeit sich auszuruhen.

Am nächsten Morgen machten wir uns in aller Frühe zu Fuß auf den Weg. Zuvor hatte mich Bridge noch gebeten, den Tornister und eine Schaufel aus dem Fond seines bejahrten Ford Zephyr zu holen. Der Regen, der nachts eingesetzt hatte, hatte nicht aufgehört, und ein kräftiger Wind setzte uns auf unserem Spaziergang durch die

Moore zu. Beim Gehen erklärte Bridge, man müsse diesen Teil von Britannien durchwandern, durchstreifen und viele Male ersteigen, bevor man ihn genau kenne. «Schau genau hin, Twig: Der Charakter dieser Gegend hat nur eine schmale Bandbreite, es gibt weder große Höhen noch besondere Tiefen, und abgesehen von der Küste ist die Landschaft kaum spektakulär. Dennoch ist es ein bezaubernder Landstrich. Ein Hauch des Friedens erfasst dich durch eine Öffnung in den Ginsterblüten; ein gemeißeltes Steinkreuz an der Gabelung einer Straße weist auf Spuren des Heiligen hin. Twig, diese Landschaft ist äußerst vielfältig, sie kann sich nach wenigen Schritten bereits völlig verändern. Das ist auch gerade der Grund dafür, warum den Leuten, die hier einfach durchpreschen, diese Schönheit entgeht. Diese Landschaft hat vor über fünftausend Jahren zum ersten Mal Menschenfüße auf sich getragen. Es waren die Füße von Menschen, die einem Ruf folgten, so wie wir es heute tun.»

Seine Worte brachten mich dazu, meine Umgebung mit gesteigerter Wachheit zu betrachten. Das, von dem er gesprochen hatte, enthüllte sich in der Vielfalt des Pflanzenlebens um mich herum. Leuchtend gelber Ginster, wilder Ampfer und Knoblauch boten eine nahrhafte Farbskala zu meinen Füßen.

Wir zogen weiter durch den Morgen, einen blau-grauen Cornwall-Morgen, und machten bei einem einsamen Pub Station, um uns ein kräftiges Frühstück zu genehmigen. Später erreichten wir eine enge kleine Straße, die so vor sich hin mäanderte: Die Flora wurde immer karger, die Luft einsamer, bis nur noch eine öde, unfruchtbare Spur übrig blieb. Der Regen hatte schließlich aufgehört, und nun stand die Sonne in unserem Rücken. Schließlich tauchte ein grasbewachsener kleiner Hügel vor uns auf, gekrönt von verstreut liegenden Granitblöcken und immens großen Felsen, bedeckt von exotischem Heidekraut und Azaleen. Wir umwanderten den Hügel, und ich bemerkte eine Quelle, die unter einem Felsen hervorsickerte, wodurch ein schlammiger Pfuhl entstanden war, der in das Unterholz überquoll. Es wehte ein verlockendes Lüftchen der Verzauberung über das bräunlich verblassende Laubwerk.

Plötzlich zog Bridge mich zur Seite, wir verließen die Spur und betraten etwas, das wie ein grüner Tunnel aussah, überwachsen von einer üppigen, dunklen subtropischen Vegetation. Von beiden Seiten wuchsen Äste aufeinander zu und reichten sich über unseren Köpfen die Zweige zum Gruß. Dieser grüne Tunnel erstreckte sich vor uns und führte zum Eingang eines verborgenen steinernen Durchgangs. Bridge teilte einen Vorhang aus Efeu und Brombeergestrüpp, und wir krochen durch die Öffnung. Wir bewegten uns einen gut ausgebauten Korridor entlang, der wiederum zu einer kreisförmigen Kammer führte. Sie ähnelte dem Inneren eines unterirdischen Turmes. Hier war die Luft wärmer. Die Tiefe des Friedens an diesem Ort ließ sich nicht allein durch die Vegetation und den Granit erklären. Ich fühlte mich, als wäre der obere Teil meines Kopfes schmerzlos abgetrennt worden und existiere nicht mehr. Ein schummeriges Licht glitt die feuchten Wände entlang hinab, gefiltert von grünen Ranken, die Teile eines kleinen Daches verbargen, das sich zur Außenseite hin weitete. Nabelkrautspitzen wuchsen aus den Ritzen zwischen den Steinen hervor. Bridge fuhr liebevoll über die Wände, als würde er einen alten Freund begrüßen. Bis jetzt hatte er kein Wort gesagt, was meine Aufgeregtheit nur noch steigerte. Endlich begann er zu sprechen.

«*Der Bienenmeister kennt* diesen Ort als die Hütte des Bienenstocks. Es ist das Vorzimmer, um die Umarmung der Erde zu empfangen.»

Seine Stimme hatte Fülle und Resonanz und ich konnte sehen, warum die Kammer so hieß, denn sie ähnelte sehr der inneren Struktur eines Bienenkorbes, lag aber komplett unter der Erde. Die Atmosphäre darin schien irgendwie geladen.

Bridge erklärte die gute Klangqualität in diesem Raum:

«Dieser spezielle Ritualraum wurde geschaffen, um spezielle akustische Eigenschaften zu erzeugen. Wir singen zu den Bienen, wenn eine Zeremonie abgehalten wird, aber die Zeremonie wird nicht durch die Person in der Hütte des Bienenstocks durchgeführt, sondern vielmehr von einer sich unter dem Boden befindenden Person, die dadurch noch enger mit der Erde verbunden ist.»

«Unsere Wahre Mutter Erde ist mit ihren Kindern außerordentlich geduldig. Schließlich gebiert sie alles, auf dass alle möglichen Erfahrungen durchlaufen werden können. Aber auch ihre Geduld hat Grenzen. Manchmal reinigt sie sich selbst durch das, was wir Naturkatastrophen nennen, durch Erdbeben, Vulkanausbrüche, dramatisch schlechtes Wetter und so weiter. Dann rumoren ihre aufgebrachten Eingeweide, dann dehnt und streckt sie ihre müden Muskeln, dann erneuert sich ihr Körper, und es kehrt neues Leben in sie zurück. In der modernen Welt hat man das vergessen, der moderne Mann und die moderne Frau empfinden und kennen die Erde nicht mehr als ein Gesamtlebewesen, als Lehrerin, als unsere Mutter. Heute Abend wirst du zu ihr zurückkehren – zur Quelle des Lebens – und du wirst der Wandlerin begegnen.»

«Der Wandlerin?», fragte ich und fühlte, wie sich die Schlange der Angst in meinem Magen regte.

Der Bienenmeister kennt den Tod als Wandlerin, und sie wird dich heute Nacht ebenfalls besuchen. In dieser Nacht wirst du vom Leben eingehüllt sein und mit dem Tod konfrontiert werden. *Der Bienenmeister weiß*, dass von allen Zeremonien, denen sich der Lehrling auf dem Pfad des Pollens zu unterziehen hat, diese zweifellos die urtümlichste ist. Sie spiegelt unsere tiefste Urangst wider. Es ist die Zeremonie des Lebendig-begraben-Seins, es bedeutet, in der Erde begraben zu werden, um ihre Umarmung zu empfangen. Wir halten diese Zeremonie aus den folgenden Gründen ab. Erstens *weiß der Bienenmeister,* dass die Erde die grundlegende Quelle all dessen ist, was wir sind. In dem Bestreben, dem ersten Bienenmeister zu begegnen – dem Zauberer –, kehren wir zu dieser Quelle zurück und erlauben dem Zauberer in uns selbst, sich zu entwickeln und uns zu unterweisen. Zweitens erfordert die Arbeit auf diesem Pfad, dass wir fest in der Erde verankert sind. Wenn diese Verankerung nicht unverrückbar an ihrem Platz ist, kann der Flug der Bienen – unser Flug – so enden wie der letzte Flug des Ikarus; wir kommen der Sonne vielleicht zu nahe und unsere Flügel schmelzen wie die des Ikarus. Dort erwarten uns Aberglaube, Wahnsinn und Tod, und in diese Notlage gerät so mancher, der nach dem Licht strebt. Wir auf dem Pfad des Pollens wissen, dass mit jedem Schritt weiter zum Licht hin es auch einen gleich großen und entgegengesetzten Abstieg in die Dunkelheit geben muss. Es ist der Schatten der Natur, der geheim ist und den es zu erforschen gilt. Deshalb ist die Erdbestattung nach dem Tod auch so weit verbreitet. Sie eröffnet eine Möglichkeit, die Erkenntnis des Leuchtens unter der Erde zu erlangen, wenn die Seele im Sterben in jenen klaren Zustand des Erwachens übergeht. In unserer Tradition warten wir nicht darauf, dass der Tod uns zu dieser Erkenntnis führt. Wir überlassen uns dem Tod schon im Voraus.»

Die Vorstellung, sich lebendig begraben zu lassen, hörte sich verrückt an, doch so wie die Dinge zwischen Bridge und mir damals lagen, hatte ich keine Ahnung, ob er es gerade wörtlich meinte, obwohl ich inzwischen gelernt hatte, dass seine Unterweisungen meist sehr wohl einen durchaus körperlichen und wörtlich zu nehmenden Aspekt beinhalteten.

Es war an der Zeit, mit den Vorbereitungen zu beginnen. Ich wurde angewiesen, mich auf ein flaches Stück Erde nahe beim Eingang zur Hütte des Bienenstocks zu legen. Ich streckte mich also auf dem kühlen, feuchten Erdboden aus, und der Bienenmeister zeichnete mit leuchtendem orangenen und gelben Pollen den Umriss meines Körpers nach. Dann stand ich auf und schaute auf etwas, das wie die Form eines ägyptischen Sarkophags auf hellgrünem

Gras aussah. Bridge reichte die Schaufel an mich weiter und machte mir ein Zeichen, dass ich mit dem Graben beginnen sollte. Ich fing an, das Gras in der Form auszustechen, es vom Boden abzulösen und neben dem Grab abzulegen. Ich machte so lange weiter, bis die gesamte Stelle von Gras befreit war, so dass es nun einen positiven und einen negativen Abdruck meiner Gestalt gab. Ehe Bridge Holz für ein Feuer sammeln ging, das ihm die Nacht hindurch Gesellschaft leisten würde, wies er mich an, weiter an meinem Grab zu schaufeln.

Ich sah zu, wie die Schaufel in die Erde stach, während mein Fuß sie in die Schwärze des Bodens trieb, wie meine Arme die Erde aufhebelten und sie aus meinem tiefer werdenden Grab beförderten. Mein Körper war voll dabei, aber mein Geist versuchte im Winterschlaf zu verharren und sich gegen einen dumpfen Widerstand zu wappnen, der sich in mir formierte: «Du *schaufelst* dir dein eigenes Grab. Du *schaufelst* dir dein eigenes Grab.» Dieser Gedanke wurde zu einer Decke, die sich über mein gesamtes Denken legte. *Heute Nacht könnte ich sterben* – an einem Herzinfarkt, einem Anfall oder durch Ersticken –, aber mein Standort hätte passender nicht sein können. Ich wäre wenigstens am richtigen Platz. Bridge behauptete, das Leben sollte so gelebt werden, als sei jeder Tag der letzte, wobei der springende Punkt darin besteht, dass es eines Tages tatsächlich so sein wird. *Und vielleicht ist es schon heute Nacht. Wie sinnig wäre es doch, ich würde in einem Grab sterben, das ich selbst gegraben habe.*

Das Wetter hatte erneut gewechselt; nun war es grau und frostig, ein leichter Nebel, der in einiger Entfernung gehangen hatte, bewegte sich auf mich zu und drohte mich zu bedecken. Den ganzen grauen, dunklen und stummen Tag lang hatte ich über das bevorstehende Begräbnis nachgedacht, bis das Grab ungefähr einen Meter zwanzig tief war. Es lag ein großer Hügel Erde neben dem Grab, das Licht nahm ab und ich war sicher, dass ich fertig war.

Bridge kehrte ab und zu mit kleinen Haufen Brennholz

zurück. Er brummte «Nicht tief genug» vor sich hin, dann verschwand er wieder. Er brachte mir schließlich etwas zu essen und machte sich wieder an die Arbeit; ich sah, wie er an verschiedenen Stellen Pollen als Opfer darbrachte. Dann kam er zurück und sagte: «Genug, Twig – dein Grab ist bereit für dich.»

Der Bienenmeister nahm ein langes, schmales Bündel aus seinem Tornister und faltete es auseinander. Es enthielt die beiden Oberschenkelknochen des Hirsches, den ich gejagt und getötet hatte. Die Knochen waren ausgehöhlt und bearbeitet worden. Nun waren sie aneinandergefügt und sahen aus wie das Bein irgendeines namenlosen Wesens, das im Reich der Schatten hauste, welches auch ich bald besuchen sollte. «Das wird dein Schnorchel sein, denn du tauchst tief in die Arme deiner Mutter. Denke daran: Je dichter am Knochen, desto süßer das Fleisch», sagte Bridge, woraufhin er den Knochen an seine Lippen hielt und hindurchatmete. Er übergab ihn mir und ich hielt ihn an meine Lippen, wobei ich bemerkte, dass ein Ende mit Bienenwachs versehen war, so dass der Knochen nicht in die Lippen oder ins Zahnfleisch schneiden würde. Bridge brachte das Feuer in Gang und lud mich ein, mich hinzusetzen, damit er mir seine Anweisungen für die bevorstehende Zeremonie geben konnte.

«*Der Bienenmeister weiß*, dass die Erde dich erwartet; sie wartet geduldig und sehnt sich danach, dich zu umarmen, eine Umarmung, die dir einen Halt gibt, wie nichts anderes ihn dir je zu geben vermag. Heute Nacht wirst du mit deiner Wahren Mutter wiedervereint sein, mit ihr, die dir dein Leben – unsere Leben –, alles Leben hier um uns her gegeben hat. Wenn du begraben bist, wirst du ihr von deinen Hoffnungen und Träumen erzählen, von dem, was du bedauerst und was dir Sorgen macht, und von dem, was du dir wünschst und brauchst. Sie versteht dich, denn sie ist deine Mutter. Sie kann dir bringen, was du brauchst; sie möchte lediglich, dass ihr Sohn allen Verpflichtungen nachkommt, die zu erfüllen er geboren wurde. Du hast heute Nacht die Gelegenheit, im wahrsten Sinne des Wortes, all das aus deiner Vergangenheit zu begraben, was dir nicht länger dient. Bitte deine Mutter, es von dir zu nehmen, damit du dich voll und ganz jenen Aufgaben widmen kannst, die zu lösen du hierhergekommen bist.»

Ich nickte einsichtig. Mit diesen wenigen Worten fiel einiges von meiner Furcht von mir ab.

«Aber Twig, ich möchte auch, dass du die Wandlerin, den Tod selbst, anrufst – die Große Jägerin. Ich möchte, dass du sie fragst, was du von ihr lernen kannst. Hab keine Angst, sie anzurufen, es wird dich der letzten Verabredung, die du auf Erden hast, nicht schneller nahebringen, jener Verabredung, die du mit ihr hast, wenn du unsere Erde verlässt. Nur selten fragen Menschen den Tod bezüglich ihres Lebens um Rat, aber wer wäre besser geeignet, ihn zu fragen? Wer weiß mehr über das Leben als die Wandlerin? Niemand kann besser Auskunft geben als sie, die letztlich alles Leben auslöscht. Dies ist keine Nacht zum Schlafen, sondern eine Nacht, um deine Verabredungen mit ihr einzuhalten, mit ihr, die dir dein Leben gab, und mit jener, die irgendwann einmal kommen wird, um es zu holen.»

Bridge schloss seine Rede, indem er sich erkundigte, ob ich irgendwelche Fragen hätte – ich hatte keine –, und eröffnete mir dann, dass er die Nacht über am Feuer oder in der Hütte des Bienenstocks sein werde. Das tröstete mich ein wenig, allerdings fügte er hinzu, dass er mich, sollte ich schreien, wahrscheinlich nicht hören würde.

Dann nahm Bridge ein kleines Stück Bienenwachs aus seiner Tasche. Ich sollte es in meine Ohren und meine Nasenlöcher stopfen und, nachdem das getan war, in das Grab steigen. Vor mir streute er eine Handvoll Pollen hinein.

Ich schaute in mein Grab hinunter, das gelblich leuchtete. Dann kletterte ich hinab in mein Grab und legte mich auf die pollenbedeckte Erde. Ein Band aus Mondlicht kroch langsam über die eine Seitenwand des Grabes und enthüllte die Bodenschichten, die jede für sich Geschichten aus dem Zeitalter ihrer Entstehung erzählten.

Bridge begann die Erde von dem großen Hügel, den ich tagsüber aufgeworfen hatte, auf mich zu schaufeln. Zunächst war die Empfindung nicht bedrohlich – eher faszinierend. Sie erinnerte mich an Zeiten, in denen ich mich als Kind am Strand selbst mit Sand bedeckt hatte. Ich erinnerte mich auch daran, wie ich mich von dem Gewicht des Sandes freigekämpft hatte, nachdem ich von meinem Bruder darin begraben worden war. Als die erste Schicht Erde mit Ausnahme meines Kopfs schließlich meinen ganzen Körper bedeckte – den Kopf hatte Bridge für die Luftzufuhr noch unbedeckt gelassen –, verließ mich die Faszination für diese neue Empfindung und wurde durch die Wahrnehmung eines Gewichts ersetzt – das Gewicht des Erdbodens, das beträchtlich war. Bridge trat dann zu meinem Kopf und bedeutete mir, dass ich die Hand lösen sollte, die den Knochen an meine Lippen hielt. Dann zeigte er mir zwei Münzen, so als würde er gleich ein Zauberkunststück vollführen, aber ich wusste, was er damit vorhatte. So wie die alten Griechen Münzen auf die Augenlider der Toten legten, als Lohn für den Fährmann, der die Toten über den Fluss Styx auf die andere Seite beförderte, galt es hier, der Erde einen symbolischen Betrag zu entrichten, auf dass ich in der Dunkelheit mit dem Starken Auge sehen und alles bezeugen konnte, was in meiner Nacht geschah. Ich konnte die Falten auf meiner Stirn fühlen, als ich meine Augen fest schloss. Bridge legte seine Finger sanft auf meine Augenlider und platzierte dann die Münzen auf sie. Er hielt den Knochen aufrecht und begann Erde auf mich zu häufen. Zuerst schob er den Boden sanft auf mein Gesicht und dann, als mein Gesicht bedeckt war, schaufelte er große Mengen auf mich. Das Gewicht des Bodens nahm sogleich zu, der Knochen an meinen Lippen wurde nun von der aufgehäuften Erde an Ort und Stelle gehalten.

Nun setzte völliges Schweigen ein. In diesem Schweigen fühlte ich, wie das Gewicht der Erde auf mir langsam zunahm, während Bridge weiter Boden auf meinen schon bedeckten Körper schichtete. Mein Atemknochen funktionierte gut, aber ich fragte mich, was wohl passieren würde, wenn er nachts zerbrechen würde und kalte Erde in meinen Mund fiele. Ich müsste dann in fester Erde atmen und würde in dem ersticken, was mir Leben gegeben hatte. Das Gewicht des Schweigens, das Gewicht der Erde.

Ich war ohne eine Kerze in den Keller hinabgestiegen. Es gab nichts außer dem Geräusch meines Ein- und Ausatmens. Ich konnte mich nicht bewegen und es gab überhaupt keinen Zweifel, dass ich diesem Ort nicht entkommen könnte, selbst wenn ich es wollte.

Ich hatte keine andere Wahl, als still zu liegen. Die Schichten über mir waren bleischwer. Ich fragte mich, welche Einflüsse, Essenzen und Präsenzen sich in dieser Nacht zeigen würden. Ein tiefes, melodisches Brüllen begann in mir anzuschwellen. Es fühlte sich wie ein Wind an, doch wie sollte das möglich sein? Es war ein gedämpfter Schrei, der abzunehmen schien, wenn ich meine Aufmerksamkeit darauf richtete. Einen Moment lang dachte ich, es wäre das Geräusch von Bridges Auto und er sei soeben dabei, mich zu verlassen und wegzufahren. Oder war es womöglich der Klang des Ozeans, der weniger als eine Meile entfernt die immensen Steinbrocken der Klippe abschliff? Nein, es war der Klang meines Körpers, mein Blut strömte durch die Arterien und Venen, meine Muskeln spannten sich an und lösten sich wieder gegen das Gewicht, das auf ihnen lag, und meine Knochen folgten ihnen, verschoben sich, Knorpel und Bänder stemmten sich gegen die abwärts wirkende Kraft. Jedes Geräusch aus jedem Teil meines Körpers war zu hören. Ich erstickte in Lärm.

Den Anweisungen folgend begann ich lautlos mit der Einen zu sprechen, die mir das Leben geschenkt hatte –, in ihrer Decke eingehüllt, in ihrem Mantel eingewickelt – und während ich das tat, fühlte ich, wie ich hintenüber- und abwärtsfiel wie ein Fallschirmspringer. Ich fiel immer tiefer und weiter in die Arme meiner Mutter, fiel frei und ohne Angst in eine Wärme, die aus den unterirdischen Feuern des Schmelzofens in ihren Tiefen zu mir strahlte. Es war der solare Mutterleib der Erde, in den ich fiel, und ich träumte, ich würde neu geboren werden. Es war genussvoll und angenehm, es war wundervoll. Ich fiel in den Platz zwischen Schlafen und Wachen, in das große Dazwischen, und ich sah mich selbst aus der Erde emporsteigen und mich dem Bienenmeister am Feuer hinzugesellen. Er sang und spielte das *Quoit*. Er schaute kurz in meine Richtung, als ich ankam, und setzte sein Singen und Spielen fort, während ich zum Feuer tanzte.

Ich wurde mit einem Ruck wach und mir wurde klar, dass ich eingeschlafen sein musste. Einen Moment lang wusste ich nicht, wo ich war. Dann sah ich, dass ich in einem kleinen, dunklen Raum war. Vor mir konnte ich eine Tür fühlen. Ich griff nach der Türklinke, aber ich vermochte keine zu finden. Ich bewegte meine Finger zur Seite der Tür, um nach Scharnieren zu tasten; ja, hier waren sie. Ich versuchte, die Tür zu öffnen, warf mich gegen sie, versetzte ihr einen Stoß und schließlich öffnete sie sich ein kleines bisschen, nur einen Spalt breit. Etwas fiel auf mich und ich schrie auf und ließ die Tür los. Ich hob auf, was heruntergefallen war. Es war weich und fiel in meinen Händen auseinander und es roch vertraut. Ich dachte kurz, *es ist Erde. Aber wo, allmächtiger Gott, bin ich dann?* Aber ich wusste, wo ich war. Ich war lebendig begraben worden und befand mich in einem Sarg. Ich begann, an der Innenseite zu kratzen, geriet in schieres Entsetzen, dann erwachte ich und fing an zu fallen, fiel auf die angespitzten Pfähle einer mit Blättern bedeckten Grube, gepfählt hielt ich meine Eingeweide in Händen, meine Brust platzte auf wie eine Frucht, nur noch Rot um mich herum.

Doch ich erwachte aus diesem Alptraum und mir war klar, dass ich unter der Erde gefangen lag, ohne den Luxus eines mit Stoff ausgekleideten Sargs, und meine Lebensader, meine Rettungsleine war ein Hirschknochen, der aus meinem Mund ragte. Der Mutterleib der Erde fühlte sich nun an wie die Klauen eines Monsters – wie eine *Vagina dentata*. Ich fühlte plötzlich eine überwältigende und alles verschlingende Angst um mein Leben, und ich kämpfte, um durch den Knochen Luft in meine Lungen zu saugen. Der Knochen fühlte sich plötzlich an, als sei er stellenweise blockiert. Ich konnte die Präsenz von etwas fühlen, das auf mich kroch, sehr langsam, aber sicher. Ein nicht zu unterdrückendes Zittern breitete sich in meinem ganzen Körper aus und dann saß direkt über meinem Herzen ein *Sukkubus*, ein weiblicher Dämon. Er lastete so schwer auf mir wie die Summe all meiner Alpträume, er zog Leben aus mir, drohte mich vertrocknet und nutzlos, als leere Hülle in der Erde zurückzulassen. Wenn diese Erscheinung die Wandlerin war, wusste ich, dass ich sie nicht würde abschütteln können. Ich schrie sie an: Nimm mich nicht, ich muss noch so viel tun und so viel lernen! Ich war voller Wut gegen den Tod und ich machte meinem Zorn Luft.

Die Vision wich zurück, und ich glaubte, sie sei besiegt. Aber das war nur der Auftakt. Um mich herum wuchs die Jägerin und sickerte ganz und gar in mich ein. Der flatternde Flügel einer Taube, eine kaum wahrnehmbare Silhouette und unendlich viel Wasser, unbeweglich, wie aus Glas, ein See, der alle Zeit enthält; jene, die alles zum Schweigen bringt, ist hier, und ich bin sprachlos in ihrer Gegenwart. Ich fühlte, wie sie mich in ihre dunklen Schwingen hüllte, und im Beisein des Todes sah ich auf mein Leben: wie kleinlich ich in meinem Tun gewesen war, wie oft ich andere verurteilt hatte, meine Arroganz, meine Gleichgültigkeit, meinen Zynismus und meinen Stolz. Ich bereute zutiefst, wie viel kostbare Zeit ich vergeudet hatte, wie viel ich in meinem Leben auf ein imaginäres Morgen aufgeschoben hatte.

Dann fand ich meine Stimme wieder. Ich gab der Wandlerin ein Versprechen. Ich versprach ihr, dass ich keine wertvolle Zeit mehr vergeuden würde, dass ich alle Verabredungen einhalten würde, um derentwillen ich geboren worden war. Während ich mein Versprechen ablegte, war es, als bewegte ich mich von der Peripherie meines Wesens, von dem Körper, der mich enthält, hin zum Mittelpunkt meiner selbst, zu einem Ort, der unerschütterlich, vollkommen still und ruhig ist. Ich legte meine Form ab und wurde zum Spermium; ich kehrte zurück in einen Zustand reiner Lebenskraft, wurde Samen in der Gebärmutter der Erde. Und dann geschah es: Der Samen begann wieder menschliche Form anzunehmen. Alles, was mir nicht länger dienlich war, war von der Erde aufgenommen worden, und meine menschliche Gestalt erstand von Neuem.

Ich fühlte Wasser, nur einen Tropfen, und dann noch einen. Es war das süßeste Wasser, das ich je gekostet hatte. Es regnete. Ich konnte jedes einzelne Tröpfchen fühlen, wie es den Weg in meinen Mund fand und meine Kehle hinabglitt. Der lebenspendende hohle Knochen flößte mir das Wasser des neuen Lebens ein.

Sag, durch welch geheime Rinnen
drangst du bis zu mir empor,
Quell neuen Lebens da drinnen,
von dem ich nie trank zuvor.
ANTONIO MACHADO

Ich lag in der Erde, gewickelt, und wusste, ich lebte, ein sichtbar gewordenes Geschenk des Lebens. Ich war mir über meine Aufgaben im Klaren, ein kindlicher Abgesandter des Bienenstocks und der Erde. Ich fühlte, wie sich über mir etwas bewegte. Es war der Bienenmeister, jener Mann, der mir die Tore zu so vielen Reichen aufgetan hatte.

10

Der Kelte fällt

Der Kelte fällt, aber sein Geist erhebt sich in Herz und Hirn der anglo-keltischen Völker, bei denen das Schicksal der künftigen Generationen liegt.
FIONA MACLEOD

Was ist es denn, das Leben?

Ich weiß, ich *weiß* einfach, dass es zwischen den Beobachtungen, den Berechnungen, den Bewertungen und den Rationalisierungen des Wissenschaftlers eine Lücke gibt, so wie der weiße Raum zwischen den Worten oder die Pause in einem Satz es sind, die dem geschriebenen oder gesprochenen Wort Bedeutung verleihen.

Das Leben kann auf einem Objektträger in kleine Scheiben geschnitten werden, es kann diagnostiziert, theoretisiert, hypothetisiert, angereichert, geleugnet, eingesperrt, gegeben – und genommen werden. Aber was ist das Leben wirklich? Hat irgendeiner unserer großen Philosophen, unserer Wissenschaftler, unserer «Gottesmänner» diese Frage jemals wirklich beantwortet? Haben sie jemals diese Frage auch nur ansatzweise gestellt?

Was ist es, das dem Fleisch auf dem Objektträger im Labor eine Bestimmung und eine Persönlichkeit gibt? Was belebt es, was macht es zu einem lebendigen Wesen, mit Gefühlen und Sinn und Seele?

Es gibt etwas, das uns überdauert, einen Geist, eine Essenz, etwas Ewiges, das sich niemals in einem Labor erzeugen oder durch ein Mikroskop beobachten lässt. Falls wir überhaupt kurz aufhören, darüber nachzudenken, wird jeder Schritt, den wir im Leben tun, zu einem umwerfenden Akt des Glaubens, der den rationalen Verstand, die Vernunft, ins Wanken bringt: dass wir überhaupt hier sind, dass wir hier sind, um einen Zweck zu erfüllen, dass wir mit dem nächsten Atemzug nicht aufhören zu existieren, dass wir zu einer Art sinnvollem Abschluss unterwegs sind und dass die Reise selbst bedeutungsvoll ist. Wir rasen wie menschliche Zeitmaschinen mit Tausenden von Kilometern pro Sekunde durch den Weltraum durch ein Schicksal, das wir mit dem Kosmos gemeinsam erschaffen. Zeit und Raum und wir. Letztlich kommt alles auf dasselbe heraus: auf einen simplen Akt des Glaubens.

All das weiß ich und ich weiß auch, dass wir diese Welt verlassen werden und zur puren Essenz unserer selbst zurückkehren, wenn wir unsere Bestimmung erfüllt haben. So ein Abschied ist ein Akt für Krieger, und wir sollten ihn feiern: Applaus für ein voll gelebtes Leben, für Antworten, die sich haben finden lassen, für eine Wahrheit, die entdeckt wurde, für eine Bestimmung, die sich erfüllte. Aber manchmal fällt es doch schwer, diesen Abschied zu feiern.

Ich war zu Hause und reparierte gerade einen meiner Bienenstöcke, als mich der Anruf erreichte. Zuerst war ich zu betäubt, um etwas zu fühlen. Bridge – mein Mentor, mein Lehrer, mein Weggefährte, mein Freund – war tot. Ich stolperte zu meinem Auto und fuhr los.

Der Anruf kam von Morag, die Bridge allein im Obstgarten gefunden hatte, inmitten seiner Bienenstöcke. Wie im Leben, so im Tod: Er war aus seinem Körper heraus und aus dieser Welt in die Gesellschaft seiner geliebten Bienen gegangen.

Kurz nachdem ich Bridge kennengelernt hatte, erzählte er mir, wie die Bienen unter bestimmten Umständen gelegentlich wehklagen, als hätten sie Schmerzen. Und obwohl ich das nicht als Märchen abgetan hatte, hatte ich mich insgeheim doch darüber lustig gemacht, besonders, da Bridge ja nicht behauptet hatte, jemals Zeuge dieses Phänomens geworden zu sein. Aber anlässlich seines Todes hatte Morag bemerkt, wie aus den Bienenstöcken ein tiefes, trauriges Summen erklang, als würden die Bienen einen Schmerz beklagen. Bridge lag neben den Bienenstöcken, als schliefe er.

Ich hätte es immer noch nicht geglaubt, wäre ich nicht ungefähr drei Stunden später selbst Zeuge dieses übernatürlichen Phänomens geworden. Als ich nach einer hektischen Autofahrt endlich ankam, waren die Bienen immer noch in einem Zustand beträchtlicher Erregung, sie übermittelten eine Totenklage der Natur und betrauerten das Hinscheiden eines ihrer geliebten Kinder.

Der Tradition entsprechend waren die Bienenstöcke bereits um 180 Grad gedreht und von der Bienenmeisterin mit schwarzen Kreppbändern umwickelt worden. Bridges Körper wurde mit seiner Lieblingsdecke bedeckt. Die Decke trug Flecke von klebrigem Propolis aus mehr als einem Dutzend Jahren, in denen die Bienenstöcke zur Insel der Nachtschatten gebracht worden waren.

Ich blickte hinunter auf die längliche Gestalt meines Freundes unter der Decke, ein Teil von mir erwartete immer noch, dass er jeden Moment aufspringen würde. Mit meinem Herzen und mit meinem Verstand war ich unfähig zu akzeptieren, dass Bridge tatsächlich tot war. Er hatte stets so vital gewirkt, so lebendig, so immun gegen den Tod. Ein Teil von mir wusste, dass das die Ansicht eines Narren war, der auf die westliche Definition vom Tod als einer Art von Versagen hereingefallen war, anstatt ihn als heiligen Moment der höchsten Vollendung zu sehen, als die Erfüllung einer Bestimmung.

Es war, als ob die Erde mein Bedürfnis nach Stabilität erkannte. Sie zog mich hinunter ins Gras und ich fand mich selbst neben Bridge sitzend, der so ruhig und gelassen wirkte wie Sokrates, nachdem dieser den Schierlingsbecher geleert hatte. Zwischen uns lag ein weiterer Körper, der eines schönen goldenen Geschöpfs, das eindeutig nur wenige Augenblicke zuvor aufgehört hatte zu atmen. Der Anblick dieser einen Biene führte dazu, dass sich der Schmerz über meinen Verlust löste. Ich brach in Tränen aus. Der Klang meines Schluchzens wirkte wie ein Echo. Es reflektierte den Klang, der von den Bienen kam, die um mich herum weinten. Allein blieb ich im Obstgarten bei den Bienenstöcken zurück, um zu weinen und um zu trauern.

Die Nacht näherte sich zu jener Jahreszeit langsam, aber mir schien es, als sei die Abenddämmerung urplötzlich hereingebrochen, als ich mich Stunden später aus meiner Trauer löste und aufstand. Eine seltsame Stille hatte sich über den Obstgarten gelegt. Der Klang der Bienenstöcke begann schwächer zu werden, die Bienenvölker beruhigten sich, ihr Klang ging in ein sanftes Summen über.

Ich schaute gerade in Richtung der Bienenstöcke, als der Klang verebbte – und dort stand er: Bridge. Ich beobachtete still und ehrfürchtig, wie die zarten Umrisse seiner Gestalt, sein immaterieller, außerkörperlicher Schatten, sich von Bienenstock zu Bienenstock bewegten, wie er sich verabschiedete, und wie er die Stöcke einen nach dem anderen segnete, so wie ich es ihn bei zahllosen Gelegenheiten hatte tun sehen. Und dann drehte er sich zu mir um.

Mir liefen Tränen über die Wangen, als seine Präsenz mein Herz schmelzen ließ. Er legte seine Hand sanft auf meinen Kopf. «Du bist mein Pollen», sagte er schlicht mit einem Lächeln auf mich herunter. Es war die geflüsterte Ermahnung eines Lehrers an seinen Schüler, wenn ihre Wege sich trennen. Dann begann seine Gestalt sich langsam aufzulösen, sie wurde unmerklich immer undeutlicher, wie ein Morgennebel, der vom Wind verweht wird, und er entschwand in eine elysische Weite aus himmlischem Met und Honig.

Ein Wesen aus Abermillionen golden funkelnder Teilchen, ohne das die Erde ein ärmerer und weit weniger fruchtbarer Ort gewesen wäre, war gegangen.

Nachwort

Bridges Tod legte sich schwer auf all jene, die dem Pfad des Pollens verbunden sind. Durch seinen Tod lernte ich mehrere andere bemerkenswerte Mitbrüder und Hüter der Weisheit der Bienen kennen. Was ich bereits vermutet hatte, wurde nun zur Gewissheit: Bridge war als der lebende Älteste angesehen worden, als König des Pollens, als Vorsteher der Tradition, und als solcher wurde er verehrt. Ich erbte Bridges Räuchergerät, seine *Tanging Quoits*, seine Werkzeuge für die Bienenstöcke und die Bienenstöcke selbst, und ich erntete in jenem Jahr die größte Menge Honig, die mir je geschenkt worden war.

Ich fühlte mich dazu verpflichtet, dieses Buch zu schreiben. Ich tat es in der Hoffnung, dass es zur Wiederentdeckung eines bemerkenswerten Wissens beitragen möge. Bücher überleben manchmal über mehrere Generationen hinweg, und ich möchte diese letzten Worte gerne an Sie richten, der oder die Sie dieses Buch vielleicht in hundert Jahren in die Hand nehmen. Wer immer Sie auch sein mögen – vielleicht das Kind eines Kindes von jemandem, den ich einmal kannte: Sollten die Gedanken und Lehren, welche in diesem Buch enthalten sind, authentisch und wahr sein, so werden Sie sich auch in vielen Jahren noch von der Direktheit und vom Inhalt dieses Werks angesprochen fühlen. In dem Moment, in dem Sie auf das Buch stoßen, werden Sie wissen, dass Sie nicht allein sind und dass wir – Praktizierende der Bienenweisheit – Ihnen etwas Wertvolles anzubieten haben.

Als ich dieses Buch schrieb, machten uns die Propheten des Untergangs gerade unablässig weis, wir seien dabei, uns durch Kriege, Giftstoffe und Überbevölkerung selbst auszulöschen. Noch hält die Erde aus. Vielleicht vernehmen Sie die Botschaft des Untergangs noch immer, doch nun werden Sie auch einige Antworten kennen.

Wenn die Worte in diesem Buch Sie berührt haben, dann lade ich Sie ein, Ihre Verbindung zur Welt unserer ältesten Verbündeten zu vertiefen: der Honigbiene. Vielleicht stellen Sie einen Kontakt zu einem ortsansässigen Imker her, zu einem jener Erfahrenen, die Ihnen etwas von dem zeigen können, was ich hier beschrieben habe, zu einem Menschen, der Sie vielleicht sogar zu den Bienenmeisterinnen und Bienenmeistern führen kann, die ihre Aspiranten mit einem süßen Willkommen erwarten.

Tá na ródannaí meala ag na beach in ins gach aird den sliabh.

Anmerkungen

1 Bienen, Bären und wilde Eber gelten in der europäischen Volks-
geschichte als *Psychopompos* – als Führer, welche die Seelen von
dieser Welt in die nächste begleiten. Der Legende nach sammelt ein
Bär die Seelen der Menschen in seinem Bauch, um sie während des
Winterschlafs sicher zu verwahren. Bei Frühlingsanbruch kommt er
aus seiner Höhle hervor und frisst eine verdauungsfördernde Pflanze, um den Ballen aus Haar und Pflanzenresten zu lösen, der seinen
Darmausgang während des Winters verschlossen hat, wodurch die
sicher aufbewahrten Seelen wieder freigesetzt werden. Dem wilden
Eber sind ebenfalls bestimmte Eigenschaften eines *Psychopompos*
eigen: Seine Hauer sind wie Halbmonde geformt und sein schwar-
zes Gesicht liegt symbolisch zwischen diesen sterbenden und wie-
derauferstehenden Monden, so wie die drei mondlosen Nächte den
abnehmenden und zunehmenden Mond voneinander trennen. Zum
Teil basiert diese Legende auf der Vorstellung, nach der der Eber
als Verbindung zwischen dieser Welt und dem Land der Toten gilt.

2 Die ältesten *Phurbas* wurden aus Lehm gemacht. Heutzutage werden sie aus Feuerstein, Holz und – am häufigsten – aus Metall hergestellt. Der *Phurba* entspricht dem Weltenbaum und der Weltachse.
Er ist eines der wichtigsten Werkzeuge des tibetischen Bön-Schama-
nen.

3 Ich empfehle *Der Weg des Schamanen* von Dr. Michael Harner
und *Schamanismus und archaische Ekstasetechnik* von Mircea Eliade. Mit ersterem wird der Leser in die Praxis und in die Methoden
des schamanischen Pfades eingeführt, und darin wird ein gehalt-
volles Thema außergewöhnlich klar dargestellt. Letzteres ist ein he-
rausragender wissenschaftlicher Klassiker über die Geschichte der
schamanischen Studien.

4 Das Wort «Kelte» (Anm. d. Ü.: Simon Buxton verwendet im Englischen hier «Keltic») stammt von dem altertümlichen Wort *keltoi*,
das zuerst für die Kelten in griechischen und römischen Schrif-

ten verwendet wurde. Die Griechen und Römer benutzten es, um «Fremde» oder «Barbaren» zu bezeichnen, aber wahrscheinlich stammt es von einem keltischen Wort, das «geheim» oder «versteckt» bedeutet. Ich verwende das Wort, um mich auf jene Menschen innerhalb der keltischen Kultur zu beziehen, die die Bewahrer verborgenen Wissens waren – und immer noch sind –, die die alten Lehren verborgen hielten, indem sie nichts – oder nur sehr wenig – auf das Schreiben gaben und sich stattdessen auf die mündliche Überlieferung verließen, um so ihr Wissen zu schützen. Diese Leute existierten innerhalb der keltischen Kultur, und es gibt sie noch heute, aber ihre Tradition deckt sich nicht mit der Tradition dieser breiteren Kultur. Der Ausdruck unterscheidet sich deshalb recht stark von dem Wort «keltisch» (Anm. d. Ü.: Simon Buxton schreibt «celtic»), das verwendet wird, um die irischen, schottischen, gälischen, alten walisischen und bretonischen Völker als die Bewahrer geheimen Wissens zu bezeichnen: die Kelten.

5 Gwyn Ei Fyd war Bridges vorletzter Lehrling. Er galt als Seher, als einer, der die Welt nicht nur mit den Augen, sondern mit dem ganzen Körper wahrnimmt. Er war der Meinung, dass seine körperliche Blindheit ihm half, das zu sehen, was für die meisten anderen unsichtbar ist; und er war ein geschickter Imker, der die Fähigkeit besaß, durch seine Art des «Sehens» ein Bienenvolk ohne Königin oder ein hungriges Bienenvolk aufzuspüren. Gwyn war auch ein Meister der Poetik des Raumes, was sich in seiner Gabe ausdrückte, Labyrinthe zu bauen, die er im Gras aushob und mit Graniten markierte.

6 Zwei Beispiele aus meinen Recherchen zu dieser Aussage: D. C. Jarvis, Doktor der Medizin aus Vermont, schreibt: «Ich verbrachte zwei Jahre damit, die Beobachtung zu überprüfen, dass Imker keinen Krebs haben. Charles Mraz, ein Imker in Vermont, half mir bei dieser Untersuchung. Gemeinsam konnten wir keinen einzigen Fall von Krebs bei Imkern finden oder von einem erfahren, der an dieser Krankheit gestorben war. In seiner internationalen Studie über Krebs bei Imkern fand Dr. B. Beck einen einzigen Fall. Dabei handelte es sich um einen Mann, der in Hawaii an Hautkrebs gestorben war.» (Jarvis 1985) Dr. W. Schweisheimer gab Folgendes an: «Vor 20 Jahren beobachtete man etwas Seltsames am Berliner Krebsin-

stitut. Die dortigen Wissenschaftler und Ärzte hatten niemals einen Imker gesehen, der an Krebs litt.» (Schweisheimer 1967)

7 Der Begriff «Temenos» ist die Transliteration eines alten griechischen Wortes mit der Bedeutung «ein sicherer und geschützter Bezirk, der einen Tempel umgibt». Das Temenos war traditionell Eigentum eines Gottes (oder häufiger, einer Göttin, wie die Haine der Artemis oder Diana), in dessen geschütztem Bereich Menschen zeitweise Zuflucht vor der säkularen Welt gewährt wurde. Heutzutage meint ein Temenos eher einen geschützten physischen und emotionalen Raum, in dem die Transformationsarbeit der Heilung durch Lernen und Lehren stattfindet.

8 Das *Mabinogion* ist eine der großen Schatztruhen unseres westlichen spirituellen Erbes. Es ist ein wunderschönes, farbenprächtiges Werk der walisischen Literatur, das magische Bildsprache und dramatische Erzählung in sich vereint. Aus schamanischem Blickwinkel betrachtet enthüllt es viel über die spirituellen Praktiken der Kelten (Kelts). Die älteste Kopie des vollständigen *Mabinogions* ist *The Red Book of Hergest* (ca. 1400). Eine frühere Handschrift mit dem Titel *The White Book of Rhydderch* (circa 1325) gilt als unvollständig, lohnt aber dennoch ein gründliches Studium.

9 Dem Propolis beigemengt war ein Riesenbovist (*Calvatia gigantea*), ein Pilz mit milder, beruhigender Wirkung, wenn man ihn verbrennt und einatmet. Der Name, den Bridge für diesen Pilz verwendete, lautete «Pucks Fäuste», schlicht nach dem schelmischen Geist Puck, einer bekannten Figur aus dem britischen Mythenschatz. Bei seiner Arbeit pflegte Bridge häufig Kräuter und Harze zu verbrennen, immer solche, die in Britannien und Nordeuropa wuchsen. Er äußerte sich kritisch über Leute, die Pflanzen aus anderen Klimazonen verwendeten, und der Einnahme von exotischen psychotropen Pflanzen stand er aufgrund von deren symbiotischer Verbindung zu den Bewohnern der entsprechenden Länder ebenso skeptisch gegenüber. Zu den Ingredienzien und Pflanzen, die er verwendete, gehörte das Harz der schottischen Waldkiefer, Alant, Eisenkraut, Beifuß, Mistelzweige (*Viscum album*), und Hopfen (*Humulus lupulus)* oder, noch spezieller, das delikate gelbe Pulver, Lupulin, das aus den schmalen Dolden im Inneren der Hopfen-Blumen fällt). Bei seltenen Anlässen wurde menschliches Haar verbrannt. Aber vor allem ver-

brannte er immer Propolis, eine Substanz, die nur selten, wenn überhaupt, in den Schriften als Räucherharz erwähnt wird. Es ist ein wachsähnliches Harz, von den Bienen produziert, dunkelbraun und zähflüssig. Wenn man es verbrennt, ergibt es einen warmen, balsamig honigähnlichen Duft.

10 Das Verfahren, Rauch in meine Ohren zu blasen, war durchaus wohlbedacht, es diente dazu, mich dabei zu unterstützen, «wahrzuhören». Es ist eine Praxis, die man in verschiedenen schamanischen Kulturen findet und die demselben Zweck dient. Siehe beispielsweise die Geschichte «El Secreto» in *Los Cuentos de los Abuelos*. (Parra und Hernando 1997)

11 Bis heute gibt es keinen archäologischen Beweis dafür, dass unsere britischen Vorfahren in der religiös-magischen Arbeit Trommeln verwendet haben, selbst an archäologischen Ausgrabungsstätten, an denen aller Wahrscheinlichkeit nach solche Ritualwerkzeuge hätten freigelegt werden müssen, wie bei Ausgrabungen in Torfmooren. Seit ich jedoch mit dem Instrument des *Tanging Quoit* bekannt gemacht wurde, habe ich in Museumssammlungen einige Beispiele für diesen Gegenstand gefunden, bei dem die Beschreibungen von «Kochwerkzeug» bis «Kinderspielzeug» reichen.

12 Besonders die Arbeit von Dr. Sandra Harner und Dr. Warren Tryon. (Harner und Tryon 1995)

13 Wenn wir Vergils Lehrgedicht *Georgica* betrachten, können wir sehen, dass er mit der Praxis des *Tangings* vertraut war, er sprach von den «klirrenden Zimbeln der Großen Cybele». (Vergil 1967)

14 Dies war die Version der Bienenmeisterin von «O Guardador de Rebhanhos», einem Gedicht von Fernando Pessoa. (Pessoa 1973)

15 Diese Tempel gab es nicht nur in Griechenland. Jahre später besuchten Bridge und ich einen Trauminkubationstempel in Britannien – den Tempel von Nodens nahe Lydney in Gloucestershire. Bridge war der Ansicht, diese Anlage sei schon von den Kelten als Ort für die Traumarbeit genutzt worden, ehe die Römer nach Britannien kamen.

16 Dieser lateinische Satz lautet übersetzt: «Der König hat keinen Stachel.» Louis XII. von Frankreich trug diesen Spruch 1506 auf seinem Brustharnisch, welcher mit goldenen Bienen und Bienenstöcken verziert war.

17 Dieser Vers stammt aus dem Lied der Lieder, dem Hohelied der Liebe, das bei allen Melissae sehr beliebt ist und regelmäßig bei der Arbeit mit den Bienen gesungen wird.

18 Die Bienenmeisterin, deren Vorfahren aus Lettland, Slowenien und Litauen stammten, erzählte mir später, dass manche slowenischen Bienenhalter ihre Bienenstöcke ebenfalls bemalen – was als *Kranjiè* bekannt ist –, mit alten Bildern und religiös-magischen Symbolen wie auch humorvollen cartoonähnlichen Bildern und Geschichten aus ihren Familien, eine bildhafte Aufzeichnung aktueller Familienereignisse. Ich erfuhr auch, dass dies in Teilen Afrikas so gemacht wird, und habe selbst in Mexiko bemalte Bienenstöcke gesehen. Sie waren von Imkern bemalt worden, die nicht mit der Tradition in Verbindung stehen.

19 Ein früher Typus des Bienenstockes ist der Bienenkorb, meistens in konischer Form aus Stroh geflochten. Auf vielen Honigprodukten ist dieser Korb heute noch abgebildet. Ein Mitglied des Pfades des Pollens, Rainier Hüs, ist ein Experte darin, Bienenkörbe herzustellen, besonders solche, wie man sie in Wales verwendet. Diese werden aus Haselzweigen geflochten und mit einer Mischung aus Kalk und Kuhdung ummantelt. Sie sind stärker gewölbt als Bienenkörbe aus Stroh.

20 Nektare mit einem ‹k› sind jene, die von den Melissae produziert werden. Sie unterscheiden sich vom Nectar mit einem ‹c›, der von den Blumen erzeugt wird.

21 Die Namen für die Melissae wurden mit großer Sorgfalt ausgewählt. ‹Devorah›, heutzutage meistens ‹Deborah› ausgesprochen und buchstabiert, stammt von dem hebräischen Wort für Biene, *dhvrb*, und hat selbst seine Ursprünge in dem Verb *d.b.r.*, was ‹Sprache› bedeutet. Da Devorah eine Frau war, welche für ihre Magie die Sprache einsetzte, war der Name für sie besonders gut gewählt.

22 Die Ritualmasken, die auf dem Pfad des Pollens verwendet werden, sind alle aus einem einzigen Stück Holz geschnitzt und werden immer mit dem Gesicht zur Wand gehängt, solange sie nicht benutzt oder zum Gebrauch vorbereitet werden.

23 Die Frauen auf dem Pfad des Pollens arbeiten mit einem anderen Werkzeug, dem Bündel der Ahnen, das auf ähnlichen Prinzipien basiert. Es ist zu hoffen, dass dies zu gegebener Zeit von einer der Melissae detailliert beschrieben wird.

24 Diese Münze, nun in meinem Besitz, stammt aus der Zeit zwischen 370 und 340 vor unserer Zeitrechnung. Sie ist aus Ephesus, das von ionischen Kolonisten gegründet und später von Krösus, dem König von Lydien, erobert wurde. Krösus war größtenteils für die Konstruktion eines großen Tempels zu Ehren der Göttin Artemis verantwortlich, deren Priesterinnen – natürlich – die Melissae waren. Ähnliche Münzen, welche die symbiotische Beziehung zwischen Biene und Hirsch darstellen, lassen sich in Museen überall auf der Welt finden.

25 Die Methode des Sündenessens wurde Bridge von seinem Lehrer beigebracht und zu gegebener Zeit an mich weitergegeben. Die wichtigste Aufgabe des Sündenessers besteht darin, die Sünden eines Verstorbenen auf sich zu nehmen. Auf dem Pfad des Pollens erstreckt sich diese Kunst aber auf das Herausziehen und Entfernen von Sünden und Krankheiten sowohl aus Lebenden als auch Verstorbenen, wobei Methoden der Transmutation und der Transsubstantiation (Stoffverwandlung) verwendet werden.

26 Tödlicher Nachtschatten oder Belladonna (Atropa belladonna), Stechapfel (Datura stramonium) und Bilsenkraut (Hyoscyamus niger) sind Giftpflanzen, die Wirkstoffe enthalten, die potenziell tödlich sind. Vor Experimenten mit diesen Pflanzen wird gewarnt, weil dies zu bleibenden Hirnschädigungen, zu Atemversagen oder Tod führen kann. Alle diese Pflanzen enthalten Atropin und atropinähnliche Produkte.

27 Zweifellos handelte es sich um die Riesenhonigbiene *Apis dorsata*, die so groß werden kann wie eine kleine Maus.

28 Die Bienenmeisterin und die ihr Anvertrauten urinierten auch im Stehen, wann immer es möglich war. Diese Praxis ist auch in anderen Ländern üblich, beispielsweise in Tamil Nadu in Südindien.

Bibliographie

Butler, Charles. *The Feminine Monarchy*. Oxford: Joseph Barnes, 1609.

Campbell, Joseph. *Mythologie der Urvölker. Die Masken Gottes Band 1*. München: dtv, 1996.

DeForest, Clinton J. *Folk Medicine*. New York: Fawcett Books, 1985.

Eliade, Mircea. *Das Heilige und das Profane: Vom Wesen des Religiösen*. Frankfurt/Main: Insel, 1998.

Eliade, Mircea. *Schamanismus und archaische Ekstasetechnik*. Frankfurt/Main: Suhrkamp, 2006.

Frazer, Sir James G. *Der goldene Zweig: Das Geheimnis von Glauben und Sitten der Völker*. Reinbek/Hamburg: Rowohlt, 2004.

Gaignebet, C. *Art profane et religion populaire au moyen-âge*. Paris: Presses Universitaires de France, 1985.

Grimm, Brüder. *Kinder- und Hausmärchen*. München: Diederichs/Hugendubel, 2005.

Harner, Michael J. *Der Weg des Schamanen*. München: Ariston/Hugendubel, 2007.

Harner, Michael J. *Hallucinogens and Shamanism*. New York: Oxford University Press, 1973.

Harner, Sandra und Warren W. Tryon. *Psychological and Immunological Responses to Shamanic Journeying with Drumming*. Vortragsskript, Third International Conference of the International Society for Shamanic Research, Nara, Japan, September 1995.

Kovacs, Attila S. *Folk Culture of the Hungarians*. Budapest: Museum of Ethnography, 1997.

Lucke, H. *Wundbehandlung mit Honig und Lebertran*. Frankfurt: Deutsche Medizinische Wochenschrift, 1935.

Parra, R., Jaime Hernando. *Los Cuentos de los Abuelos*. Quito: Ediciones Abya-Yala, 1997.

Pessoa, Fernando. *Obras Completas*. Lissabon: Atica, 1973.

Schultes, Richard E. *Pharmacognosy: The Pharmaceutical Sciences.*
Third Lecture Series, Harvard University 19 (1960): 109–122.

Snellgrove, L. E. *Wound Treatment with Honey.* Privat veröffentlicht, Hereford, U.K.: 1922.

Schweisheimer, W. «Krebs und Bienenhaltung.» *Gleanings in Bee
Culture 9* (September 1967): 360, 561.

Tylor, Edward B. *Die Anfänge der Cultur. Untersuchungen über
die Entwicklung der Mythologie, Philosophie, Religion, Kunst und
Sitte.* Edition Olms, Hildesheim/Zürich/New York: 2005, ISBN
348712095X, Gebunden, 966 Seiten, 2 Bände, 1871.

Uccusic, Paul. *Bienenprodukte – Doktor Biene. Ihre Heilkraft und
Anwendung in der Heilkunst.* München: Ariston, 1990.

Klingner, Friedrich: *Vergil – Bucolica, Georgica, Aeneis.* Zürich &
Stuttgart: Artemis, 1967.

Wier, Jean. *Histoires, disputes et discours.* Vol. 2. 1660. Reprint,
Paris: Bureau du Progrès Médical, 1885.

Yeats, William Butler. *Yeats's Poems.* Hrsg. von A. Norman Jeffares.
Dublin: Gill and Macmillan, 1989.

Quellen der Gedichte

Kapitel 1: Antonio Machado: Soledades/Einsamkeiten, 1899–1907, Spanisch und Deutsch, hrsg. und übertragen von Fritz Vogelsang, Ammann Verlag, Zürich, 1996, S. 159, LIX.

Kapitel 4: William Blake: Die Hochzeit von Himmel und Hölle. Übersetzt von Lillian Schacherl, area verlag mgbH, Erftstadt, 2005. Dylan Thomas: Windabgeworfenes Licht. Gedichte. Dt. von Klaus Martens, Hanser, München, 1992, S. 165

Kapitel 5: William Butler Yeats: Die Gedichte. Neu übersetzt von Marcel Beyer, Mirko Bonné, Gerhard Falkner, Norbert Hummelt, Christa Schuenke, Luchterhand, München, 2005, darin: Er wünscht sich die Kleider des Himmels, übersetzt von Norbert Hummelt (Der Wind im Ried), S. 81.

Kapitel 6: Pablo Neruda: So ganz Frau. In: Hungrig bin ich, will deinen Mund. Liebessonette. Spanisch/Deutsch. Auswahl, Nachdichtung und Nachwort von Fritz Rudolf Fries, Luchterhand, 1997. Hohelied der Liebe. In: Zürcher Bibel, hrsg. vom Kirchenrat der evangelisch-reformierten Landeskirche, Zürich, 2007.

Kapitel 8: William Butler Yeats: Die Seeinsel von Innisfree. Übersetzt von Christa Schuenke. In: Die Gedichte. Neu übersetzt von Marcel Beyer, Mirko Bonné, Gerhard Falkner, Norbert Hummelt, Christa Schuenke, Luchterhand, München, 2005.

Kapitel 9: Pablo Neruda: Ode an die Biene. In: Elementare Oden, Luchterhand, Darmstadt/Neuwied, 1985, übersetzt von Erich Arendt, S. 427; hier frei übersetzt.

Kapitel 10: Antonio Machado: Soledades/Einsamkeiten, 1899–1907, Spanisch und Deutsch, hrsg. und übertragen von Fritz Vogelsang, Ammann Verlag, Zürich, 1996, S. 159, LIX.